中华优秀传统文化在现代管理中的创造性转化与创新性发展工程
"中华优秀传统文化与现代管理融合"丛书

五维铸就大业
道德法术势与基业长青的智慧

雪 漠◎著

企业管理出版社
ENTERPRISE MANAGEMENT PUBLISHING HOUSE

图书在版编目（CIP）数据

五维铸就大业：道德法术势与基业长青的智慧 / 雪漠著. -- 北京：企业管理出版社，2024.12.（2025.5重印）--（"中华优秀传统文化与现代管理融合"丛书）. -- ISBN 978-7-5164-3167-2

Ⅰ. B223.15

中国国家版本馆CIP数据核字第2024YM1937号

书　　名：	五维铸就大业——道德法术势与基业长青的智慧
书　　号：	ISBN 978-7-5164-3167-2
作　　者：	雪　漠
责任编辑：	张　丽
特约设计：	李晶晶
出版发行：	企业管理出版社
经　　销：	新华书店
地　　址：	北京市海淀区紫竹院南路17号　邮　编：100048
网　　址：	http://www.emph.cn　电子信箱：1624620884@qq.com
电　　话：	编辑部（010）68416775　发行部（010）68417763　68414644
印　　刷：	北京联兴盛业印刷股份有限公司
版　　次：	2025年1月第1版
印　　次：	2025年5月第3次印刷
开　　本：	710mm×1000mm　1/16
印　　张：	13.25
字　　数：	169千字
定　　价：	78.00元

版权所有　翻印必究·印装有误　负责调换

编委会

主　任： 朱宏任　中国企业联合会、中国企业家协会党委书记、常务副会长兼秘书长

副主任： 刘　鹏　中国企业联合会、中国企业家协会党委委员、副秘书长

　　　　　孙庆生　《企业家》杂志主编

委　员：（按姓氏笔画排序）

丁荣贵　山东大学管理学院院长，国际项目管理协会副主席

马文军　山东女子学院工商管理学院教授

马德卫　山东国程置业有限公司董事长

王　伟　华北电力大学马克思主义学院院长、教授

王　庆　天津商业大学管理学院院长、教授

王文彬　中共团风县委平安办副主任

王心娟　山东理工大学管理学院教授

王仕斌　企业管理出版社副社长

王西胜　广东省蓝态幸福文化公益基金会学术委员会委员，菏泽市第十五届政协委员

王茂兴　寿光市政协原主席、关工委主任

王学秀　南开大学商学院现代管理研究所副所长

王建军　中国企业联合会企业文化工作部主任

王建斌　西安建正置业有限公司总经理

王俊清　大连理工大学财务部长

王新刚　中南财经政法大学工商管理学院教授

毛先华　江西大有科技有限公司创始人

方　军　安徽财经大学文学院院长、教授

邓汉成　万载诚济医院董事长兼院长

冯彦明	中央民族大学经济学院教授
巩见刚	大连理工大学公共管理学院副教授
毕建欣	宁波财经学院金融与信息学院金融工程系主任
吕 力	扬州大学商学院教授，扬州大学新工商文明与中国传统文化研究中心主任
刘文锦	宁夏民生房地产开发有限公司董事长
刘鹏凯	江苏黑松林粘合剂厂有限公司董事长
齐善鸿	南开大学商学院教授
江端预	株洲千金药业股份有限公司原党委书记、董事长
严家明	中国商业文化研究会范蠡文化研究分会执行会长兼秘书长
苏 勇	复旦大学管理学院教授，复旦大学东方管理研究院创始院长
李小虎	佛山市法萨建材有限公司董事长
李文明	江西财经大学工商管理学院教授
李景春	山西天元集团创始人
李曦辉	中央民族大学管理学院教授
吴通福	江西财经大学中国管理思想研究院教授
吴照云	江西财经大学原副校长、教授
吴满辉	广东鑫风风机有限公司董事长
余来明	武汉大学中国传统文化研究中心副主任
辛 杰	山东大学管理学院教授
张 华	广东省蓝态幸福文化公益基金会理事长
张卫东	太原学院管理系主任、教授
张正明	广州市伟正金属构件有限公司董事长
张守刚	江西财经大学工商管理学院市场营销系副主任
陈 中	扬州大学商学院副教授
陈 静	企业管理出版社社长兼总编辑
陈晓霞	孟子研究院党委书记、院长、研究员
范立方	广东省蓝态幸福文化公益基金会秘书长

范希春	中国商业文化研究会中华优秀传统文化传承发展分会专家委员会专家
林　嵩	中央财经大学商学院院长、教授
罗　敏	英德华粤艺术学校校长
周卫中	中央财经大学中国企业研究中心主任、商学院教授
周文生	范蠡文化研究（中国）联会秘书长，苏州干部学院特聘教授
郑俊飞	广州穗华口腔医院总裁
郑济洲	福建省委党校科学社会主义与政治学教研部副主任
赵德存	山东鲁泰建材科技集团有限公司党委书记、董事长
胡国栋	东北财经大学工商管理学院教授，中国管理思想研究院院长
胡海波	江西财经大学工商管理学院院长、教授
战　伟	广州叁谷文化传媒有限公司CEO
钟　尉	江西财经大学工商管理学院讲师、系支部书记
宫玉振	北京大学国家发展研究院发树讲席教授、BiMBA商学院副院长兼EMBA学术主任
姚咏梅	《企业家》杂志社企业文化研究中心主任
莫林虎	中央财经大学文化与传媒学院学术委员会副主任、教授
贾旭东	兰州大学管理学院教授，"中国管理50人"成员
贾利军	华东师范大学经济与管理学院教授
晁　罡	华南理工大学工商管理学院教授、CSR研究中心主任
倪　春	江苏先锋党建研究院院长
徐立国	西安交通大学管理学院副教授
殷　雄	中国广核集团专职董事
凌　琳	广州德生智能信息技术有限公司总经理
郭　毅	华东理工大学商学院教授
郭国庆	中国人民大学商学院教授，中国人民大学中国市场营销研究中心主任

唐少清　北京联合大学管理学院教授，中国商业文化研究会企业创新文化分会会长
唐旭诚　嘉兴市新儒商企业创新与发展研究院理事长、执行院长
黄金枝　哈尔滨工程大学经济管理学院副教授
黄海啸　山东大学经济学院副教授，山东大学教育强国研究中心主任
曹振杰　温州商学院副教授
雪　漠　甘肃省作家协会副主席
阎继红　山西省老字号协会会长，太原六味斋实业有限公司董事长
梁　刚　北京邮电大学数字媒体与设计艺术学院副教授
程少川　西安交通大学管理学院副教授
谢佩洪　上海对外经贸大学学位评定委员会副主席，南泰品牌发展研究院首任执行院长、教授
谢泽辉　广东铁杆中医健康管理有限公司总裁
谢振芳　太原城市职业技术学院教授
蔡长运　福建林业技术学院教师，高级工程师
黎红雷　中山大学教授，全国新儒商团体联席会议秘书长
颜世富　上海交通大学东方管理研究中心主任

总编辑：陈　静
副总编：王仕斌
编　辑：（按姓氏笔画排序）
　　　　于湘怡　尤　颖　田　天　耳海燕　刘玉双　李雪松　杨慧芳
　　　　宋可力　张　丽　张　羿　张宝珠　陈　戈　赵喜勤　侯春霞
　　　　徐金凤　黄　爽　蒋舒娟　韩天放　解智龙

序　一

以中华优秀传统文化为源　启中国式现代管理新篇

中华优秀传统文化形成于中华民族漫长的历史发展过程中，不断被创造和丰富，不断推陈出新、与时俱进，成为滋养中国式现代化的不竭营养。它包含的丰富哲学思想、价值观念、艺术情趣和科学智慧，是中华民族的宝贵精神矿藏。党的十八大以来，以习近平同志为核心的党中央高度重视中华优秀传统文化的创造性转化和创新性发展。习近平总书记指出"中华优秀传统文化是中华民族的精神命脉，是涵养社会主义核心价值观的重要源泉，也是我们在世界文化激荡中站稳脚跟的坚实根基"。

管理既是人类的一项基本实践活动，也是一个理论研究领域。随着社会的发展，管理在各个领域变得越来越重要。从个体管理到组织管理，从经济管理到政务管理，从作坊管理到企业管理，管理不断被赋予新的意义和充实新的内容。而在历史进程中，一个国家的文化将不可避免地对管理产生巨大的影响，可以说，每一个重要时期的管理方式无不带有深深的文化印记。随着中国步入新时代，在管理领域实施中华优秀传统文化的创造性转化和创新性发展，已经成为一项应用面广、需求量大、题材丰富、潜力巨大的工作，在一些重要领域可能产生重大的理论突破和丰硕的实践成果。

第一，中华优秀传统文化中蕴含着丰富的管理思想。中华优秀传统文化源远流长、博大精深，在管理方面有着极为丰富的内涵等待提炼和转化。比如，儒家倡导"仁政"思想，强调执政者要以仁爱之心实施管理，尤其要注重道德感化与人文关怀。借助这种理念改善企业管理，将会推进构建和谐的组织人际关系，提升员工的忠诚度，增强其归属感。又如，道家的"无为而治"理念延伸到今天的企业管理之中，就是倡导顺应客观规律，避免过度干预，使组织在一种相对宽松自由的环境中实现自我调节与发展，管理者与员工可各安其位、各司其职，充分发挥个体的创造力。再如，法家的"法治"观念启示企业管理要建立健全规章制度，以严谨的体制机制确保组织运行的有序性与规范性，做到赏罚分明，激励员工积极进取。可以明确，中华优秀传统文化为现代管理提供了多元的探索视角与深厚的理论基石。

第二，现代管理越来越重视文化的功能和作用。现代管理是在人类社会工业化进程中产生并发展的科学工具，对人类经济社会发展起到了至关重要的推进作用。自近代西方工业革命前后，现代管理理念与方法不断创造革新，在推动企业从传统的小作坊模式向大规模、高效率的现代化企业，进而向数字化企业转型的过程中，文化的作用被空前强调，由此衍生的企业使命、愿景、价值观成为企业发展最为强劲的内生动力。以文化引导的科学管理，要求不仅要有合理的组织架构设计、生产流程优化等手段，而且要有周密的人力资源规划、奖惩激励机制等方法，这都极大地增强了员工在企业中的归属感并促进员工发挥能动作用，在创造更多的经济价值的同时体现重要的社会价值。以人为本的现代管理之所以在推动产业升级、促进经济增长、提升国际竞争力等方面须臾不可缺少，是因为其体现出企业的使命不仅是获取利润，更要注重社会责任与可持续发展，在环境保护、社会公平等方面发挥积极影响力，推动人类社会向着更加文明、和谐、包容、可持续的方向迈进。今天，管理又面临数字技术的挑战，更加需要更多元的思想基础和文化资源的支持。

第三，中华优秀传统文化与现代管理结合研究具有极强的必要性。随着全球经济一体化进程的加速，文化多元化背景下的管理面临着前所未有的挑战与机遇。一方面，现代管理理论多源于西方，在应用于本土企业与组织时，往往会出现"水土不服"的现象，难以充分契合中国员工与生俱来的文化背景与社会心理。中华优秀传统文化所蕴含的价值观、思维方式与行为准则能够为现代管理面对中国员工时提供本土化的解决方案，使其更具适应性与生命力。另一方面，中华优秀传统文化因其指导性、亲和性、教化性而能够在现代企业中找到新的传承与发展路径，其与现代管理的结合能够为经济与社会注入新的活力，从而实现优秀传统文化在企业管理实践中的创造性转化和创新性发展。这种结合不仅有助于提升中国企业与组织的管理水平，增强文化自信，还能够为世界管理理论贡献独特的中国智慧与中国方案，促进不同文化的交流互鉴与共同发展。

近年来，中国企业在钢铁、建材、石化、高铁、电子、航空航天、新能源汽车等领域通过锻长板、补短板、强弱项，大步迈向全球产业链和价值链的中高端，成果显著。中国企业取得的每一个成就、每一项进步，离不开中国特色现代管理思想、理论、知识、方法的应用与创新。中国特色的现代管理既有"洋为中用"的丰富内容，也与中华优秀传统文化的"古为今用"密不可分。

"中华优秀传统文化与现代管理融合"丛书（以下简称"丛书"）正是在这一时代背景下应运而生的，旨在为中华优秀传统文化与现代管理的深度融合探寻路径、总结经验、提供借鉴，为推动中国特色现代管理事业贡献智慧与力量。

"丛书"汇聚了中国传统文化学者和实践专家双方的力量，尝试从现代管理领域常见、常用的知识、概念角度细分开来，在每个现代管理细分领域，回望追溯中华优秀传统文化中的对应领域，重在通过有强大生命力的思想和智慧精华，以"古今融会贯通"的方式，进行深入研究、探索，以期推出对我国现代管理有更强滋养力和更高使用价值的系列成果。

文化学者的治学之道，往往是深入研究经典文献，挖掘其中蕴含的智慧，并对其进行系统性的整理与理论升华。据此形成的中华优秀传统文化为现代管理提供了深厚的文化底蕴与理论支撑。研究者从浩瀚典籍中梳理出优秀传统文化在不同历史时期的管理实践案例，分析其成功经验与失败教训，为现代管理提供了宝贵的历史借鉴。

实践专家则将传统文化理念应用于实际管理工作中，通过在企业或组织内部开展文化建设、管理模式创新等实践活动，检验传统文化在现代管理中的可行性与有效性，并根据实践反馈不断调整与完善应用方法。他们从企业或组织运营的微观层面出发，为传统文化与现代管理的结合提供了丰富的实践经验与现实案例，使传统文化在现代管理中的应用更具操作性与针对性。

"丛书"涵盖了从传统文化与现代管理理论研究到不同行业、不同

序 一

领域应用实践案例分析等多方面内容，形成了一套较为完整的知识体系。"丛书"不仅是研究成果的结晶，更可看作传播中华优秀传统文化与现代管理理念的重要尝试。还可以将"丛书"看作一座丰富的知识宝库，它全方位、多层次地为广大读者提供了中华优秀传统文化在现代管理中应用与发展的工具包。

可以毫不夸张地说，每一本图书都凝聚着作者的智慧与心血，或是对某一传统管理思想在现代管理语境下的创新性解读，或是对某一行业或领域运用优秀传统文化提升管理效能的深度探索，或是对传统文化与现代管理融合实践中成功案例与经验教训的详细总结。"丛书"通过文字的力量，将传统文化的魅力与现代管理的智慧传递给广大读者。

在未来的发展征程中，我们将持续深入推进中华优秀传统文化在现代管理中的创造性转化和创新性发展工作。我们坚信，在全社会的共同努力下，中华优秀传统文化必将在现代管理的广阔舞台上绽放出更加绚丽多彩的光芒。在中华优秀传统文化与现代管理融合发展的道路上砥砺前行，为实现中华民族伟大复兴的中国梦做出更大的贡献！

是为序。

朱宏任

中国企业联合会、中国企业家协会

党委书记、常务副会长兼秘书长

序 二

文化传承　任重道远

财政部国资预算项目"中华优秀传统文化在现代管理中的创造性转化与创新性发展工程"系列成果——"中华优秀传统文化与现代管理融合"丛书和读者见面了。

一

这是一组可贵的成果,也是一组不够完美的成果。

说她可贵,因为这是大力弘扬中华优秀传统文化(以下简称优秀文化)、提升文化自信、"振民育德"的工作成果。

说她可贵,因为这套丛书汇集了国内该领域一批优秀专家学者的优秀研究成果和一批真心践行优秀文化的企业和社会机构的卓有成效的经验。

说她可贵,因为这套成果是近年来传统文化与现代管理有效融合的规模最大的成果之一。

说她可贵,还因为这个项目得到了财政部、国务院国资委、中国企业联合会等部门的宝贵指导和支持,得到了许多专家学者、企业家等朋友的无私帮助。

说她不够完美，因为学习践行传承发展优秀文化永无止境、永远在进步完善的路上，正如王阳明所讲"善无尽""未有止"。

说她不够完美，因为优秀文化在现代管理的创造性转化与创新性发展中，还需要更多的研究专家、社会力量投入其中。

说她不够完美，还因为在践行优秀文化过程中，很多单位尚处于摸索阶段，且需要更多真心践行优秀文化的个人和组织。

当然，项目结项时间紧、任务重，也是一个逆向推动的因素。

二

2022年，在征求多位管理专家和管理者意见的基础上，我们根据有关文件精神和要求，成立专门领导小组，认真准备，申报国资预算项目"中华优秀传统文化在现代管理中的创造性转化与创新性发展工程"。经过严格的评审筛选，我们荣幸地获准承担该项目的总运作任务。之后，我们就紧锣密鼓地开始了调研工作，走访研究机构和专家，考察践行优秀文化的企业和社会机构，寻找适合承担子项目的专家学者和实践单位。

最初我们的计划是，该项目分成"管理自己""管理他人""管理事务""实践案例"几部分，共由60多个子项目组成；且主要由专家学者的研究成果专著组成，再加上几个实践案例。但是，在调研的初期，我们发现一些新情况，于是基于客观现实，适时做出了调整。

第一，我们知道做好该项目的工作难度，因为我们预想，在优秀文化和现代管理两个领域都有较深造诣并能融会贯通的专家学者不够多。在调研过程中，我们很快发现，实际上这样的专家学者比我们预想的更少。与此同时，我们在广东等地考察调研过程中，发现有一批真心践行优秀文化的企业和社会机构。经过慎重研究，我们决定适当提高践行案例比重，研究专著占比适当降低，但绝对数不一定减少，必要时可加大自有资金投入，支持更多优秀项目。

第二，对于子项目的具体设置，我们不执着于最初的设想，固定甚至限制在一些话题里，而是根据实际"供给方"和"需求方"情况，实事求是地做必要的调整，旨在吸引更多优秀专家、践行者参与项目，支持更多优秀文化与现代管理融合的优秀成果研发和实践案例创作的出版宣传，以利于文化传承发展。

第三，开始阶段，我们主要以推荐的方式选择承担子项目的专家、企业和社会机构。运作一段时间后，考虑到这个项目的重要性和影响力，我们觉得应该面向全社会吸纳优秀专家和机构参与这个项目。在请示有关方面同意后，我们于2023年9月开始公开征集研究人员、研究成果和实践案例，并得到了广泛响应，许多人主动申请参与承担子项目。

三

这个项目从开始就注重社会效益，我们按照有关文件精神，对子项目研发创作提出了不同于一般研究课题的建议，形成了这个项目自身的特点。

（一）重视情怀与担当

我们很重视参与项目的专家和机构在弘扬优秀文化方面的情怀和担当，比如，要求子项目承担人"发心要正，导人向善""充分体现优秀文化'优秀'二字内涵，对传统文化去粗取精、去伪存真"等。这一点与通常的课题项目有明显不同。

（二）子项目内容覆盖面广

一是众多专家学者从不同角度将优秀文化与现代管理有机融合。二是在确保质量的前提下，充分考虑到子项目的代表性和示范效果，聚合了企业、学校、社区、医院、培训机构及有地方政府背景的机构；其他还有民间传统智慧等内容。

（三）研究范式和叙述方式的创新

我们提倡"选择现代管理的一个领域，把与此密切相关的优秀文化高度融合、打成一片，再以现代人喜闻乐见的形式，与选择的现代管理领域实现融会贯通"，在传统文化方面不局限于某人、某家某派、某经典，以避免顾此失彼、支离散乱。尽管在研究范式创新方面的实际效果还不够理想，有的专家甚至不习惯突破既有的研究范式和纯学术叙述方式，但还是有很多子项目在一定程度上实现了研究范式和叙述方式的创新。另外，在创作形式上，我们尽量发挥创作者的才华智慧，不做形式上的硬性要求，不因形式伤害内容。

（四）强调本体意识

"本体观"是中华优秀传统文化的重要标志，相当于王阳明强调的"宗旨"和"头脑"。两千多年来，特别是近现代以来，很多学者在认知优秀文化方面往往失其本体，多在细枝末节上下功夫；于是，著述虽多，有的却如王阳明讲的"不明其本，而徒事其末"。这次很多子项目内容在优秀文化端本清源和体用一源方面有了宝贵的探索。

（五）实践丰富，案例创新

案例部分加强了践行优秀文化带来的生动事例和感人故事，给人以触动和启示。比如，有的地方践行优秀文化后，离婚率、刑事案件大幅度下降；有家房地产开发商，在企业最困难的时候，仍将大部分现金支付给建筑商，说"他们更难"；有的企业上新项目时，首先问的是"这个项目有没有公害？""符不符合国家发展大势？""能不能切实帮到一批人？"；有家民营职业学校，以前不少学生素质不高，后来他们以优秀文化教化学生，收到良好效果，学生素质明显提高，有的家长流着眼泪跟校长道谢："感谢学校救了我们全家！"；等等。

四

调研考察过程也是我们学习总结反省的过程。通过调研，我们学到了许多书本中学不到的东西，收获了满满的启发和感动。同时，我们发现，在学习阐释践行优秀文化上，有些基本问题还需要进一步厘清和重视。试举几点：

（一）"小学"与"大学"

这里的"小学"指的是传统意义上的文字学、音韵学、训诂学等，而"大学"是指"大学之道在明明德"的大学。现在，不少学者特别是文史哲背景的学者，在"小学"范畴苦苦用功，做出了很多学术成果，还需要在"大学"修身悟本上下功夫。陆九渊说："读书固不可不晓文义，然只以晓文义为是，只是儿童之学，须看意旨所在。"又说"血脉不明，沉溺章句何益？"

（二）王道与霸道

霸道更契合现代竞争理念，所以更为今人所看重。商学领域的很多人都偏爱霸道，认为王道是慢功夫、不现实，霸道更功利、见效快。孟子说："仲尼之徒无道桓、文之事者。"（桓、文指的是齐桓公和晋文公，春秋著名两霸）王阳明更说这是"孔门家法"。对于王道和霸道，王阳明在其"拔本塞源论"中有专门论述："三代之衰，王道熄而霸术焻……霸者之徒，窃取先王之近似者，假之于外，以内济其私己之欲，天下靡然而宗之，圣人之道遂以芜塞。相仿相效，日求所以富强之说，倾诈之谋，攻伐之计……既其久也，斗争劫夺，不胜其祸……而霸术亦有所不能行矣。"

其实，霸道思想在工业化以来的西方思想家和学者论著中体现得很多。虽然工业化确实给人类带来了福祉，但是也带来了许多不良后果。联合国《未来契约》（2024年）中指出："我们面临日益严峻、关乎存亡的灾难性风险"。

（三）小人儒与君子儒

在"小人儒与君子儒"方面，其实还是一个是否明白优秀文化的本体问题。陆九渊说："古之所谓小人儒者，亦不过依据末节细行以自律"，而君子儒简单来说是"修身上达"。现在很多真心践行优秀文化的个人和单位做得很好，但也有些人和机构，日常所做不少都还停留在小人儒层面。这些当然非常重要，因为我们在这方面严重缺课，需要好好补课，但是不能局限于或满足于小人儒，要时刻也不能忘了行"君子儒"。不可把小人儒当作优秀文化的究竟内涵，这样会误己误人。

（四）以财发身与以身发财

《大学》讲："仁者以财发身，不仁者以身发财"。以财发身的目的是修身做人，以身发财的目的是逐利。我们看到有的身家亿万的人活得很辛苦、焦虑不安，这在一定意义上讲就是以身发财。我们在调查过程中也发现有的企业家通过学习践行优秀文化，从办企业"焦虑多""压力大"到办企业"有欢喜心"。王阳明说："常快活便是功夫。""有欢喜心"的企业往往员工满足感、幸福感更强，事业也更顺利，因为他们不再贪婪自私甚至损人利己，而是充满善念和爱心，更符合天理，所谓"得道者多助"。

（五）喻义与喻利

子曰："君子喻于义，小人喻于利"。义利关系在传统文化中是一个很重要的话题，也是优秀文化与现代管理融合绕不开的话题。前面讲到的那家开发商，在企业困难的时候，仍坚持把大部分现金支付给建筑商，他们收获的是"做好事，好事来"。相反，在文化传承中，有的机构打着"文化搭台经济唱戏"的幌子，利用人们学习优秀文化的热情，搞媚俗的文化活动赚钱，歪曲了优秀文化的内涵和价值，影响很坏。我们发现，在义利观方面，一是很多情况下把义和利当作对立的两个方面；二是对义利观的认知似乎每况愈下，特别是在西方近代资本主义精神和人性恶假设背景下，对人性恶的利用和鼓励（所谓"私恶即公利"），出现了太多的重利轻义、危害社会的行为，以致产生了联合国《未来契约》中"可持续发展目标的实现岌岌可危"的情况。人类只有树立正确的义利观，才能共同构建人类命运共同体。

（六）笃行与空谈

党的十八大以来，党中央坚持把文化建设摆在治国理政突出位置，全国上下掀起了弘扬中华优秀传统文化的热潮，文化建设在正本清源、守正创新中取得了历史性成就。在大好形势下，有一些个人和机构在真心学习践行优秀文化方面存在不足，他们往往只停留在口头说教、走过场、做表面文章，缺乏真心真实笃行。他们这么做，是对群众学习传承优秀文化的误导，影响不好。

五

文化关乎国本、国运，是一个国家、一个民族发展中最基本、最深沉、最持久的力量。

中华文明源远流长，中华文化博大精深。弘扬中华优秀传统文化任重道远。

"中华优秀传统文化与现代管理融合"丛书的出版，不仅凝聚了子项目承担者的优秀研究成果和实践经验，同事们也付出了很大努力。我们在项目组织运作和编辑出版工作中，仍会存在这样那样的缺点和不足。成绩是我们进一步做好工作的动力，不足是我们今后努力的潜力。真诚期待广大专家学者、企业家、管理者、读者，对我们的工作提出批评指正，帮助我们改进、成长。

企业管理出版社国资预算项目领导小组

前　言

/

以至高智慧　建立可传承的企业

首先我要"泼一盆冷水",这本书不是告诉你管理企业有什么诀窍,也不是告诉你如何提升企业销售额。那些在外围打转的书,只会让人更加迷惑和沮丧——为什么别人用得很灵的法子,到我这儿就不灵了?为什么只能灵一次两次,后面就再也不灵了?因为,别人是别人,你是你。这世上并没有多少可复制的秘籍,能脱颖而出的,都不是靠模仿别人。再好的智慧、再灵的诀窍,都要内化为自己的才有用。

这本书,就是告诉你怎么内化,从根上入手,然后才谈得上怎么外用。

先说说我关注企业领域的缘起。我在讲《道德经》时,很多人都觉得受到了启发,包括各行各业的朋友。他们说,没想到老子的《道德经》里有那么多切合当下现实社会的智慧。

其中,就有企业家朋友和我就此问题进行了专门的交流。他们很急切地问了我一些问题:《道德经》的智慧如何应用于企业中?现在的企业像大海里的水泡一样,忽生忽灭,做得再大的企业,好像也撑不过三代,有的到了第二代手里就败了,这个难题能用《道德经》的智慧解决吗?有研究者说《道德经》是帝王之学,可以用来管理国家,那么企业管理能用《道德经》吗，怎么用？

要解决这些问题，不能仅仅就问题本身，到《道德经》或者我的《老子的心事：雪煮〈道德经〉》里直接搬答案。《道德经》的智慧是一种程序，直接作用于生命本身的程序；要用智慧，首先得给自己安装上智慧程序。如果你只把智慧当成工具，那么智慧是智慧，你还是你。它在你之外，还比你高，你怎么能用得了它？理解它都不一定能做到。所以，用《道德经》的智慧来经营企业，首先要让自己具备这种智慧，成为智慧的载体。

我从《道德经》中提炼了智慧的五个维度：道、德、法、术、势。道是智慧的本体，德、法、术、势是智慧的妙用。其中，德，远远超出了我们常说的"道德"范畴，如果说道是内证，那么德就是外达、功德，指道之外化，包括道德，包括合乎大道的一切行为和表现。法，是践行道的行为准则和规则。术，是具体执行方法、途径和模式。势，是指时代潮流和世界大势，其实是道运行轨迹的外现，就像是我们观察到的四季更替一样，其背后是道在运行；我们看到的时代更替和潮流变化，背后也是道在运行。这就是典型的从有中看到无。

用无和有来看这五个维度，道属于无的层面，隐而不显，但无处不在。德、法、术、势属于有的层面，影响着有形世界，但背后的抓手却是道。人类已经习惯了在有的层面进行各种折腾，让世界变得异常喧嚣，甚至是混乱；只有极少数人看到了背后的无，在无的层面运作，四两拨千斤。古时候有这样的高人，上古时期的"最高管理者"（如三皇）都是这样的人，他们是真正的智者，兼以管理天下。后来，人类离大道越来越远，就只能在有的层面大费力气了。

前　言

　　说了这么多，意思就是，天下也好，企业也好，其他什么组织、单位也好，道理是一样的。不要仅仅在有形的层面上用力，一定要到无形的道的层面上体悟；在追求有形层面的成功之前，要先去找到大道的本体智慧。你在枝枝叶叶上费力抓一辈子，不如在根上轻轻握一下子。

　　当你找到了本体智慧——它就在你自己身上，再去实践和应用。在德、法、术、势的层面和具体领域中，不断实践，不断体悟，验证你的本体智慧，你就会发现，有形层面的问题，并不是真正的问题，无论怎样，你总能很好地应对，哪怕有些问题确实不能解决，你还能接纳——接纳本身就是一种很好的解决。并且，你总有转机，总有新出路。因为，道本身就是生生不息、变化不止的。它没有绝路。

　　企业从诞生到今天，也是在不停变化着的。最初，它的功能只是生产和交换（销售），满足人的基本生活所需。到了今天，企业的变化太大太快了。企业的变化本身就很有一种道的韵味，比如无形，没有一定的固定形象规制。信息时代的很多企业，都不再具有传统企业的外形和组织架构了，甚至都看不出来是企业，只要有人，有业务，就算是个企业；甚至没有人，只要有客户需求，也能成为企业。从提供的产品来看，企业的变化也是令人应接不暇，从最初的做物质产品，到提供非实体产品的服务，再到现在很多企业不生产传统意义上的产品，或者说它们的产品是虚拟的东西，比如提供一个平台、一个虚拟空间，或是一种信息渠道。随着网络时代的发展，可以预见，未来肯定还会有更加意想不到的产品形式。

　　时代变化如此之快，企业该何所适从？答案还是在道的本体智慧上。无中可以生有，生出来的东西千变万化，而总有一个不变的东西在那里，就是道本身。如果企业能做到与道合一，那么它也可以千变万化而不离其宗。万事万物都有道，都能与道合一。武术有武之道，品茶有茶之道，饮食有食之道，写作有文之道，企业也有企业之道。

企业之道的根本点，是为大众提供服务，创造价值。当然，企业的生存和发展，需要逐利，这是天经地义的。人的生存也要吃饭，也要有物质基础，但人之道也在于活出生命的价值，创造价值，活出意义来。企业追求社会意义和价值，与追求利润并不矛盾。要想活出企业之道，活得持久，就必须把企业的目标与追求，提升到道的层面，即为社会创造价值，给出一个大家希望你一直存在的理由和意义。

这个理由和意义，早已不再停留在企业为社会提供产品和服务了，因为这个功能很多企业都能做到，同类型的竞争太激烈了。那么，企业还要做到什么？传播文化，传播一种生活方式，甚至于担当一种引领社会进步的角色。

传播文化。文化是一个国家、一个民族的灵魂，也是企业的核心竞争力之一。企业应成为文化的使者，将自身所承载的优秀文化传播到世界各地。通过产品设计、品牌建设、市场营销等环节，展现独特的文化魅力。企业传播文化，不仅能够提升自身品牌的价值和影响力，还能促进不同文化之间的交流与融合，为世界文化的多样性做出贡献。

传播一种生活方式。现代社会，人们越来越追求高品质的生活，企业有责任为消费者打造一种理想的生活方式。这不仅仅是销售产品，更是传递一种生活态度和价值观。企业可以深入了解消费者的需求和梦想，通过创新的产品和服务，为他们提供一种全新的生活体验。这种生活方式的传播，能够让消费者与企业建立起更加紧密的情感联系，增强

前　言

品牌的忠诚度。

担当一种引领社会进步的角色。企业作为社会的重要组成部分，不能仅仅关注自身的经济利益，还应肩负起推动社会进步的重任。企业应以实际行动践行社会责任，将经济效益与社会效益相结合，努力成为促进社会和谐、推动时代发展的重要力量。

人们常说：一流企业卖理念，二流企业卖服务，三流企业卖产品。理念，其实就是文化。哪怕你只有实体产品可卖，你也要提炼出产品背后的文化。所以，让企业承担传播文化的责任，并不是给企业增加不属于它的责任，更不是让企业不务正业，而是给企业升级，提升企业的层次。你传播的文化持续多久，企业就能持续多久；你传播的文化能到达多远的地方，企业就能到达多远的地方。如果一家企业，能从文化的层面去做决策，去构建自己，那它一定很容易趋向大道，甚至可能与道合一。

那么，怎么让自己的企业从卖产品提升到卖理念呢，怎么让自己的企业成为文化传播的载体呢？企业家首先自己要有文化，企业也要建立自己的文化。如何将中国最优秀的传统文化跟企业管理结合起来，多年来一直是我关注并且着力的重点。

但说真话，将《道德经》中的至高智慧，用于企业经营的不多，用于企业管理的也不多，因此，中国企业大多走不出"富不过三代"的怪圈。目前一些互联网公司非常优秀，但他们的继承人能不能传承这种优秀，能不能把这种优秀再传给下一代，下下一代，说不清。也就是说，他们的文化是否能像儒释道文化这样，世代相传，影响每一代的企业人，说不清，需要验证。

儒释道文化也是经过千年验证，才走到今天的。当然，儒释道文化之所以能经得起验证，一个重要原因，就是儒释道文化强调实践，传承者除了继承哲学理念之外，也继承并实践着相应的方法论。而且这种方法论，不只是思想上的，也是一种生命科学，能从生命本质上改变人。

所以，我在《老子的心事：雪煮〈道德经〉》《雪漠诗说老子》中，用作家和学者的身份，深入谈了老子如何用大道本体智慧改变生命，按大道的运作方式来生活和处世的智慧。其中的几堂课，因为是给企业家朋友讲的，所以专门谈了大道智慧在企业组织、企业建设方面的运用，我名之为"中国企业家如何走出'富不过三代'的怪圈"，如果企业家不但自己学习，还能用它来完善企业组织、企业理念和企业的方法论，也就是企业经营处世的方式，企业肯定会像中国历史上的那些千年家族一样，拥有蓬勃而绵长的生命力。

当然，《五维铸就大业——道德法术势与基业长青的智慧》的体量很小，只是简单地写了《道德经》的一点应世智慧，离我们追求的目标还很远，但它讲出了《道德经》中关于建设企业组织的智慧，并且对一些实际方法进行了讲解和展示，非常方便读者学以致用。如果你觉得不太过瘾，可以去看我的《雪漠诗说老子》和《老子的心事：雪煮〈道德经〉》，后者有八本之多，相信一定能够对你有所启发。

此外，本书虽然名义上针对企业，但事实上，它同样能让家庭受益，让个体生命受益。因为企业和家庭本质上是一样的，企业本身就是大家庭，而家庭本身也是小企业，它们都是由一个个个体组成的组织。维护好家庭，和经营好企业一样，需要至高的智慧。现代家庭中破裂者很多，现代企业中失败、破产者也很多，很多关系都处于不稳定的状态，究其因，许多时候都是缺乏这种至高的智慧，不能在关系的处理上达到圆融。

关于这一点，本书中讲了很多，这也是我欣然写这本书的原因。虽然比起我的大部头，本书的体量很小，但它从道、德、法、术、势这五个方面，讲了跟组织建设相关的哲学、世界观和方法论，同时也明确点出了优秀企业的价值观，更提供了一些能够落地的抓手。

至于生命个体，其本身也是一个完整的自我小组织。每个人的身体、心理、言论、思想、行为、个性、品质综合而成了这个人。生命体这个组织，也需要对各个方面进行有效管理和提升，达成身心和谐，达到内在与外显共同提升与完善。说到底，管理好自己并不比管理好一个家庭、一家企业更容易。也只有管理好自己，才有了管理好家庭、企业乃至国家的基本可能性。这恰恰证明了儒家提出的"修身齐家治国平天下"次第的合理。

而管理好自己的最高目标，也是与道合一。古往今来，无数的修道者为此目标而努力，往往付出了一生的时光与全部的生命。道、德、法、术、势这五个维度，同样也是我们每个人的人生维度。想要达成超越世间的智慧，必须合道；想要在应对世界时游刃有余，能做成一些实际的事情，就需要具德、明法、善术、顺势。

所以，这本小书，其实是拿了一面叫作"企业"的镜子，放在"道德法术势"这个光源面前，看看它会折射出什么样的光线，放射出什么样的光芒。如果你拿其他的镜子，比如家庭，比如个体生命，放在这个光源面前，也会有你需要的光芒出现。不管你是不是企业家，读读这本书，都会有益处。

希望本书的出版，能为企业家提供用得着的管理智慧，也能为家庭提供一种启迪性的思路。同时，希望以此为契机，把中华文明的营养，跟企业文化和家庭建设结合起来，帮助更多的企业、更多的家庭，走出困境，走出"富不过三代"的怪圈，走向更大的辉煌，走向更稳定的未来。

是为序。

2024年8月

目　　录

第一章　道——企业长存之本　1
第一节　初心无染明大道　4
第二节　内证外达合大道　12
第三节　习常持恒践大道　24

第二章　德——企业厚蕴之功　33
第一节　立德尚志稳根基　35
第二节　明识担义做标杆　43
第三节　诚信和谐达共赢　52

第三章　法——企业不败之地　63
第一节　文化为灵魂，筑传承之基　67
第二节　制度是保障，文化不走样　76
第三节　选择好种子，育成参天树　81
第四节　妙法有多种，塑精英团队　89

第四章　术——企业落地之行　99
第一节　沐浴书香气，人文铸精神　102
第二节　诸方多努力，广传妙消息　109

第三节　成功之营销，传统兼创新　114
第四节　常怀利他心，恒有济世行　122

第五章　势——企业御风之气　129
第一节　审时明势应变化　131
第二节　借势顺势生大力　135
第三节　渠成造势引潮流　142

附录　答读者问　151
跋　企业和我的生活　166

第一章
道——企业长存之本

故常无，欲以观其妙；常有，欲以观其徼。

——《道德经》第一章

知其雄，守其雌，为天下溪；为天下溪，常德不离，复归于婴儿。知其白，守其黑，为天下式；为天下式，常德不忒，复归于无极。知其荣，守其辱，为天下谷；为天下谷，常德乃足，复归于朴。朴散则为器，圣人用之，则为官长，故大制不割。

——《道德经》第二十八章

天下万物生于有，有生于无。

——《道德经》第四十章

道生一，一生二，二生三，三生万物。

——《道德经》第四十八章

天下有始，以为天下母。既得其母，以知其子；既知其子，复守其母，没身不殆。塞其兑，闭其门，终身不勤。开其兑，济其事，终身不救。见小曰明，守柔曰强。用其光，复归其明，无遗身殃；是为袭常。

——《道德经》第五十二章

我有三宝，持而保之。一曰慈，二曰俭，三曰不敢为天下先。慈故能勇，俭故能广，不敢为天下先，故能成器长。今舍慈且勇，舍俭且广，舍后且先，死矣。夫慈，以战则胜，以守则固。天将救之，以慈卫之。

——《道德经》第六十七章

第一章　道——企业长存之本

在函谷关氤氲的紫气中，老子骑着青牛的身影逍遥从容，渐行渐远。而蕴藏在《道德经》五千言中的智慧与大爱，却化作深情细致的嘱托，与殷切厚重的期望，给后世以千年乃至永久的启迪、福祉与滋养。

《道德经》位居中华优秀传统文化的塔尖与山巅，可以说无论如何赞誉都不为过。如果说《道德经》字字珠玑，"道"无疑是其中最大最亮、最为光彩夺目而澈照无限的一颗。只要企业家能真正地明白道，掌握《道德经》的智慧内核，那么无论是在中国，还是在世界上的任何一个角落，它都最有可能帮助企业家建立坚不可摧的企业，打破"富不过三代"的魔咒，让企业基业长青，传承久远。

而企业与企业家要在现实中妙用《道德经》的智慧，则需要在以道为本的宗旨下求道、明道、悟道、合道、践道。

追求大道的人自古以来就是人类中的少数，追求大道的企业，也是少数。大道是超越于世间的层面，所以，很多人以为它和我们的生活没有直接关系，太虚无缥缈。但真相是，只有你超越了世间层面，才能把握好世间层面。就像庄子所说的那样，跳出是非，站在环中，才有可能看清全貌；超越是非，才不会被是非缠绕。

这是一种了不起的道的眼光和思维。处理问题，必须先跳出问题；搅在问题当中，你是没有办法很好地处理问题的。那么，对于一个人或一家企业来说，必须达到道的层面，找到自己的本体存在，才能游刃有余地应对一切问题。

第一节　初心无染明大道

道是宇宙中一种本有的存在、规律和智慧，代表了人类文化中最终极的真理，更是万物生长最本初的原动力。而真正的初心，也是心灵最本初的样子，是大道赋予个体生命的智慧本体。明白了真正的初心，就能明白大道。守住初心，就能合于大道。

一、初心似明镜，了然亦如如

"天下有始，以为天下母。"天地之间有一个最本初的东西，老子称之为"始"，也就是我们所说的原点。它是天下万物的根源。

注意，这是对"道"和"初心"最早的解释，它属于哲学层面。读懂这段话对道和初心的表述，就会明白道和初心在表现上的一些特征。然而，理论上的明白，离真正地明白道、明白初心还有很远。所以，即使你明白了道、明白了初心之后，仍然需要在实践中体验其珍贵，不断地感悟，不断地调整，认清并保持自己的状态。《道德经》中那些对道的表述，其实是帮助你去验证自己所认为的那个东西，它们都不是那种境界本身。这就是老子在《道德经》第一章就讲方法论——"常无，欲以观其妙；常有，欲以观其徼"，告诉你如何进入道的境界，以及如何保持那种境界的原因。

《道德经》中的"无有"，这个"无有"就是老子对道的基本属性的权且命名。道不可描述，而又不得不描述，那么就用无和有来描述。

无，是大道本体的智慧境界，它有两个特点：一是朗然空寂，二是有着无穷的可能性。"天下万物生于有，有生于无。"无是被常人忽略的存在，也是常人很难企及的层面。我们绝大多数人只能看到无生出来的有，看不到背后的无，更体悟不了无的无穷可能性和无限的力量。只有达到大道的层面,和无产生连接,才能开启这个层面无穷无尽的可能性,拥有无限的力量。

所以,如果你发现一个人智慧通达,变化无穷而又总能做成事情,那么他一定是超出了有的层面,他是在无的层面运作。企业也是一样,如果有一家企业像"不倒翁"那样,遇到什么样的变化,都能顺势而为,并且总能有贴合时代的新变化,那么这家企业也一定是在道的层面运作。企业要想达到道的层面,首先企业家要能够达到道的层面,哪怕一时达不到也不要紧,至少企业家要明白,超越世间层面,还有一个无,即道的层面,并且向往达到这个层面。

"常无,欲以观其妙",就是指你如果能经常保持心中没有杂念,就能静静地感受万物的流动,静静地观察世间万象的变化。观是一种智慧,学习观的智慧,从万有中能观到无,也可以从无中观到万有。

有,则是一种遮蔽大道智慧本体的状态,它就像一间尘埃密布的房间。你也许从电视中见过沙尘暴,沙尘暴来的时候,你连对面的事物都看不清。心也是这样,念头很多的时候,你是不会有智慧的。所以,明白初心,明白大道,就要对治念头。关于对治念头,老子提供了一些方法。他说,要是你妄念纷飞,就"欲以观其徼",也就是静静地观照体内一个能汇聚能量的地方,让它像肥沃的土地那样,为自己的生命提供能量。这时,你只管放松下来,不要去管诸多的概念,远离欲望,静静地观察世界,观照手中所做的事情,把世界和自己都忘掉。

刚开始,你可能会安住不了,因为状态总是变来变去,但没关系,慢慢训练,心里的垃圾少了,就会安定下来。那状态忽而出现时,你就静静地体会它,在无执无舍(既不执着地想要留住某个东西,也不刻意地舍去某个东西,让它来就来,去就去)中静静地感受初心,用初心来观照眼、耳、鼻、舌、身、意所感知的万物万象,尽量地延长这种宁静的状态；它消失了，你就静静地观照那个能量汇聚地。在有无中训练自己，不执着任何一种状态。

内证也好，外达也好，包括修德，都要以发现初心、守住初心为基础，当初心变成生命中丢不掉的氛围时，你就能心无旁骛地追求自己内心的志向，不会被"私"和"小"的东西吸引和束缚。所以，发现初心，守住初心，是企业家修养身心，让企业基业长青的根本。它会让企业家的格局变得非常大，从一开始就避免了很多烦恼，同时也规避了很多灾祸和陷阱。

虽然真正的得道者不多，但每个人都有可能得道，因为道存在于万物之中，无处不在，我们每个人身上都有。就如"芥子纳须弥"，一个芥子可以容纳整座须弥山。换句话说，个体不管多大或多小，都包含了整个宇宙的全息。这有点像细胞和生命体的关系——人们可以通过克隆细胞来克隆羊甚至克隆人，说明一个细胞里就有我们整个生命的全息。同样，我们每个人身上也都承载着大道的全息。

刚才说过如何明道，明道就是发现道，也就是发现自己身上承载的大道真理。而大道真理在个体生命中的体现和作用，首先就是初心。明心即明道，明道即明心。同样，因为是大道在生命中的体现，所以初心必然是合道的，合道必然利众，也必然是符合他人需要及社会需要的。

中华民族五千多年的文明史，其实就是中华民族求索和实践大道真理与原点文化的历史，从"黄尧虞舜夏商周，春秋战国乱悠悠。秦汉三国晋统一，南朝北朝是对头。隋唐五代又十国，宋元明清帝王休"（《中国历史朝代歌》）至今，中华民族一直没有失去这种追寻和追问。否则中华民族就不可能存在这么久。人们说中华民族是有道之邦，就是指中华民族对道的发现和实践。

有道，就是对道有所追求和坚守。当一个君王明道时，我们就会称之为有道之君；如果他不明道，还做出与道相悖的事情，我们就会称之为无道昏君。商纣王就是历史上典型的无道昏君，老百姓和大臣都是这样骂他的，史书更是骂了他上千年，可见中华民族对道有多么重视。

我们的传统文化以合道为最高依据和标准，以天为道的执行者，所以我们常说"天道"，因为天地宇宙的运行和自然的变化，就是合道的最佳体现。故而老子要我们学习天地自然，其实就是在学习道，所谓"人法地，地法天，天法道，道法自然"。道和自然的力量，远远超过人任性而为的力量。商纣王多么孔武有力，多么聪明绝顶，但因为他的行为与道相悖，依然成了昏君。那么，人身上有没有一种与道相提并论的力量呢？当然有。老子说宇宙中有"四大"，人就是其中之一，另外三个是道、天、地。人凭什么可以居于"四大"之一？凭的就是那颗初心，与道合一的心，能产生与道一样无限的力量。

所以，我们说作为个人与企业，对道的重视，体现为对初心的重视与坚守。中华优秀传统文化的本体是道，个体生命的本体也是道，本体即初心，因此道是每个人的初心。因为这个初心，人的生命中会出现各种现象，即"道生之"。每个人的初心都是"天下母"，也就是未来命运的种子。他未来所经历的一切，以及他一切的发展和变化，都源于初心。

初心就像镜子，能够照天照地，因此你可以感知到一个属于你自己的世界，这个世界里有天地万物，小至微尘，大至宇宙，你都了然于心。它是没有疑惑的明白之心，它知道自己需要什么，也知道自己不需要什么，无论看到什么景象，它都不会为之而动摇。

"如如"就是不动，初心一动，就不是真正的初心了，真正的初心必然是不动的。不忘初心，就是初心不动。当你拥有这份初心，明白自己这辈子该做什么时，就要一门心思地履行自己的誓愿，不要耍小聪明，也不要想得到太多的东西，甚至不要想得到任何东西。往往，你没有想过争取的一切，都会自己汇聚到你的生命中来。相反，假如你想得到某种东西，却会连本身拥有的也失去。因为，一旦想要得到，欲望之口就打开了；欲望之口一旦打开，初心就消失了，整个味道都会改变。无论你从事的是什么职业，想做什么事情，都是这样，所以要守住初心，拒绝欲望。如果你能做到这一点，还能终身不殆，让它变成你的生活方式，你就一定会成功。

二、初心是长堤，防守亦蓄能

初心就像堤坝一样，人只要初心非常牢固，其生命就不会受到污染和干扰。如果能避免负能量的污染，并且牢记初心，人就会充满正能量，像充满了电一样，始终走在正路上，始终把所有生命都用来做正事。这就是初心的作用。

此外，就像一些水坝把水拦住不只是为了保护土地，也是为了把水能转化为电能，用水力来发电一样，以初心为堤坝也不只是为了让生命不要受到污染，更是为了以另一种方式积蓄能量，让它能造福人类。意即"道"和"初心"为"始"，为"天下母"，为生生不息的原动力。

在现实中，个体生命就是用这颗心来感知万象的，因此我常说世界是心的投影。有时，因为欲望的存在，初心受到了干扰，世界的投影也会失真，但初心一直都在。所以，只要消除杂念，破除执着，回归初心，世界的投影就会变得清晰，就像被风吹皱的湖面恢复平整，真实地映照出世界。所以，世界怎么样，取决于我们自己——准确地说，是取决于我们能不能改变自己的心，能不能破除执着，让自己的心灵不染纤尘。如果可以，我们就会改变自己的世界，让五浊恶世变成一片净土；如果不能（或不肯），自己的世界也不会改变。老祖宗说"命由心造"，就是这个意思。

大家一定要知道，人是动物，动物之心是很容易被熏染的。什么叫熏染？就是跟别人待在一起久了，就会不知不觉地被对方传染，对方有什么毛病，你也会出现什么毛病。

最典型的例子就是"狼孩"：一个人类婴儿被狼抚养大，就会变得跟狼越来越像——狼不需要教育他，他在耳濡目染之下，慢慢就会自己改变。任何人都是这样，在什么样的群体里待久了，就自然会变成什么样子。如果不想改变，就要有超越这个群体的定力。比如，如果你在一个充满欲望的群体里待久了，你心里的欲望也会增长，还会理所当然地追逐欲望。如果你在一个懒散安逸的环境里待久了，你也会变得懒惰安逸，不再精进；相反，如果你在一个精进的环境里待久了，你就会变得越来越努力，不好意思再懒惰。如果一个环境缺少正能量，被欲望完全地主导了，那么每一个进入这个环境的人，都会很容易丢掉自己的坚守，不知不觉地同流合污。同时，贪婪的人还会互相影响，让彼此变得越来越贪婪，也让这个环境变得越来越贪婪。

社会有社会的生态环境，文化有文化的生态环境，企业有企业的生态环境，家庭有家庭的生态环境，所有的生态环境都在熏染人，让人在不知不觉中发生某种变化。当你无法改变环境，或无法离开某个环境的时候，就只能提高自己的警觉性，清醒地分辨出环境中某种糟糕的东西，然后主动地拒绝它，并时时擦拭自己的心，把心上沾染的欲望和习气都擦掉，让初心永远像镜子一样照亮你的人生之路，让自己不要走错路。

老祖宗说的"千里之堤，溃于蚁穴"，意思是，一个小小的蚂蚁洞，就可以把一个千里大坝给毁掉。初心就是人生中的千里之堤，只要能守住初心，就不会被欲望的洪水所裹挟。在现实中要守住初心的长堤，就要理解并做到老子所强调的"塞其兑，闭其门，终身不勤"。蚁穴就是老子所说的"兑"与"门",也就是欲望的口子。这个口子一开,人就会失去美好的品德,整个人生都会被冲垮,饶是企业家,也是不可能建起事业大厦的。所以,无论做人,还是做企业,都要堵塞欲望之门。

"塞其兑,闭其门"就是堵塞欲望之口,关闭欲望之门。按儒家的说法,就是走中庸之道。《中庸》说:"喜怒哀乐之未发,谓之中;发而皆中节,谓之和。"中庸指无过无不及的态度。所谓的七情,就是喜怒哀乐等情绪,只要这些情绪不能控制你,不能让你偏离正轨,不能让你的身心变得不和谐,就叫中庸。换句话说,中庸就是完美的和谐状态。达到中庸状态时,在儒家看来,就做到了"塞其兑,闭其门"。那么"终身不勤"该如何理解?这里的"勤"不是勤劳,而是为了追名逐利而忙忙碌碌,像无头苍蝇那样盲目。"终身不勤",就是一辈子都不会这样,不会做欲望的奴隶,不会为欲望而奔忙。

如果不能"塞其兑,闭其门,终身不勤",会怎么样?会"开其兑,济其事,终身不救"。你会被眼、耳、鼻、舌、身、意所感知的世界勾起各种欲望,变得心乱如麻。比如,你看到美色就动了心,跟上跑了;听到美声就很陶醉,心也丢掉了;尝到美味更是心花怒放,总是想要再吃一次……最后,欲望就变得无穷无尽,你整天活在期待里,并且因为期待生出很多别的情绪。比如那些非常疯狂的追星族,他们之所以会那么痴迷,就是因为他们过于喜欢某个明星的声音或者样貌,结果失去了自己。

商纣王也是这样,最早的时候,他其实是个很有才能的君主,甚至算得上有为之君,但有一天,他却忽然命人造了一双象牙筷子。这时,他的叔父箕子就对比干和微子说,大事不妙了,商朝可能要亡国了。比干和微子问他为什么这么说,箕子回答道,作为国君,大王命人造象牙筷子,说明他已经有了贪图享乐之心。之后,他就会觉得自己的碗不好，配不起这么好的筷子，一定要换一个更好的碗；然后觉得粗茶淡饭不好，配不起这么好的碗，一定要吃山珍海味；接下来又会觉得桌子不好，配不起那么好的菜肴和碗筷，一定要换一张更好的桌子；紧接着就会觉得房子不好，配不起这么好的桌子，然后大兴土木，修建宫殿，为此还会向百姓开刀，开征苛捐杂税……这样发展下去，用不了多久，商朝一定会毁灭。

结果正如箕子所说，商纣王变成了一个荒淫无度的昏君，酒池肉林，一味享受，残害忠良，后来殷商就被周取而代之了。这就是真实的"渔夫与金鱼的故事"，它说明，欲望之门一旦被打开，就会很快变得不可控制。所以，如果欲望的口子不能及时被堵住，哪怕刚开始的欲望很小，也会引出无穷无尽的欲望，最后，欲望的狂流就会像洪水一样倾泻而下，冲毁生命中诸多的可能性。

中央电视台的某节目曾回顾过一次洪灾：那次，某地发大水，堤坝被冲出了一个口子，人们把汽车推过去，想堵住口子，汽车却像玩具一样被冲走了，可见洪水的力量之大。失控的欲望就像决堤的洪水，如果不能及时做好防护工作，它就会摧毁一切。因此，只有拒绝各种欲望和诱惑，才能守住初心的长堤，并获得生生不息的原动力，就如朱熹在诗中所说："问渠那得清如许？为有源头活水来。"

这也是企业走向成功和实现基业长青的秘密。

开办企业的初衷是什么？这个问题，其实是企业家需要经常问自己的，特别是在某些时刻——比如夜深人静孤独空虚时，功成名就灯红酒绿时，压力巨大焦头烂额时，这些时刻也是初心容易受到考验的时刻。如果你开办企业的初衷是为了挣很多很多的钱，改变自己曾经的生活状况，那么成功的时刻，也就是自己的企业最危险的时刻。如果你的初衷是活出自己的价值，为社会创造价值，为他人承担一份责任，那么无论是面对成功还是面对挫折失败，你都不会为其所动，因为你知道这条路还很长，你既没有成功，也没有失败，你还要继续创造价值，承担责任。

所以，给自己设立什么样的初衷很重要，让初衷符合大道，不忘这个初衷，是最好的"保鲜"方法，也是企业始终前行的原动力所在。

第二节　内证外达合大道

内证就是内心明白，内心有智慧。内在的东西，中国文化称之为"体"，本体论的"体"。体的外在表达叫"用"，应用的"用"。

中国文化认为，内心有智慧，就一定要让它作用于社会——不仅仅是用智慧来面对社会，也是用智慧来奉献社会。而内证外达要实现最初的愿景，达到终极的目的，在实施过程中则必须"合大道"，即行为上遵循、体现和承载大道的主要宗旨和规律。简言之，你的言行不能有违背大道本义之处，否则就算不上外达，也很难圆满地实现目的。

一、无为无不为，天人乃合一

"道常无为而无不为"，道代表真理、境界、大自然的规律，也代表一种类似宇宙原创力的存在。它是无为的，也就是不勉强，不强行作为，自然而然，不执着；同时，它又是无处不为、无所不为的。到处都有道，任何人的生命中都有道。所谓的合道，就是找到自己生命中的道，找到道体的智慧，用道体智慧指引言行，让言行符合道。所谓的修道，就是让自己的生命接近道，接近真理，慢慢地走向真理。

无为无不为的思想理念，很早就被引入到了管理中。这在古时候叫作"治理",不说管理天下,而说治理天下,或者"牧民"。上古时期三皇就是这样治理天下的,达到了一种老百姓安居乐业,却感觉不到治理者存在的和谐状态;后来的五帝也努力地这样做,但越到后面越难做到,原因就是离道体越来越远了。汉初时的几位君主,也曾这样"复古"过,在当时的社会背景下,取得了很好的成效,然而终究不能持续下来,后面就"霸王道杂之"了。

企业管理又是什么样的呢?西方企业有他们的管理思想和模式,东方的企业,大多是用儒家思想进行管理的,其典型特征是科层制——虽然这个概念是德国人提出来的,但中国政治体制两千多年用的就是这个,儒家思想提倡的也是这个——层级分明,层层管理。但是越到网络时代,越发现无论是西方的管理模式,还是东方的儒家管理模式,都有跟不上时代的感觉。不是说它们都不行,有些至今还很优秀,比如系统管理、企业文化管理等,而是还缺了点什么,或是不能深入核心抓到根本,或是不够有创造力和活力。

这时候,就有一种新的探索出现了,即用老子思想进行管理。其中,最重要的原则就是"无为而无不为"。要用这种智慧进行管理,并不容易,要颠覆以往的很多固有模式和惯性思维,进入一个全新的"操作系统"。首先,需要真正地明了"无为而无不为"是什么意思。

无为是道的特征之一,是一种非功利、无执着、自然而然的和谐状态。很多人以为无为就是不作为,懒得做事,流于消极,其实不是。它是"天行健,君子当自强不息"后的顺其自然,因为它注重的是过程,而不是结果。真正地无为时,你就不会再执着于外物,也不会再执着于自己的念头,所以看起来什么都不在乎——不在乎自己能赚多少钱,不在乎别人会不会觉得自己很失败,不在乎自己做的事情能不能成功,不在乎自己的付出能不能得到相应的回报。

你虽然没有刻意做过什么事情，但确实完成了许多事情。虽然你不执着于回报，但在不执着中却又具足了所有的功德。

表面看来，你无事于心，无心于事，任运自在，却是在以出世之心做入世之事。出世的心就是无为，入世的事就是无不为。也就是你虽然没想刻意做什么，却随时随地对别人好，让别人受益。

故老子说："为学日益，为道日损。损之又损，以至于无为，无为而无不为。"意思是，吸纳知识要用加法，越学越多；修道要用减法，今天减去些贪婪，明天减去些仇恨，后天减去些愚昧，越减越少，最后达到无为，什么都不执着，也没有一丝的刻意而为之。这时，便不需要费尽心机地做什么事，所做的事自然就能成功。

有一次，在尼泊尔的一家旅店，我们非常意外地看到了我的《无死的金刚心——雪域玄奘琼波浪觉证悟之路》。我问老板，这书是哪来的，老板说，是一个香港女子留在旅店，给客人们看的。我当时不认识这个香港女子，后来才知道，她到哪儿都会带着我的书，随时推荐，随时留阅。因为她认为，我的书承载了大善的信息，能为世界减少一些纷争，带来一些和平与清凉。这就是我从未想过刻意去做，却自然成就的事。而对于那个香港女子来说，她随缘留下的书给人带来清凉和快乐，也是无为而无不为。这样的例子非常多，企业家如果能把无为状态变成生命本能，就会快乐很多，经营和管理的时候也会更加轻松。

所以，无为是一种占据智慧制高点的无我无执的境界与思维，是我在序中所说的至高智慧，无不为则是自强不息，积极做事。因此，无为而无不为，即是在无我无执又具足大爱的境界中，努力做合道利众的事情。

"是以圣人处无为之事"，圣人就是这样，总是无我无执，却又积极利众。老子虽然逍遥出关，却留下了凝结其心血与期望的经典著作《道德经》，启迪、滋养与造福世世代代的人们，化解人们的很多烦恼和迷惑，就是这句话很好的注解之一。

企业的无为，在内部，是放开过多的控制与束缚；在外部，是减少过多的功利与执着。内部放开，可以激活每个员工的创造力与活力，给予个体发挥的空间。因为在科层制企业中，个体发挥的空间很小，有什么创意和想法，大多也只能想想而已。这样的企业惯性特别大，遇到什么突发事件，很难快速灵活地应对，因为躯体太沉重了，太僵化了。如果说，无为的企业像流水，可以被装到不同的瓶子里；那么，太有为、控制太多的企业，就像是硬邦邦的石头，无法随机应变。而外在功利太强、过于执着于某个实际目标的企业，往往会把自己陷进自己的目标里，或是认错了竞争对手，或是错过了时代的变化潮流。

让自己具有很多可能性和变化性，让企业有很多机动的空间，是执行"无为无不为"理念的一个重要举措。不要让太多的烦琐细节把可能性的空间，塞得太满。

有一个成语叫"虚室生白"，字面意思是一间空空的房子里生起了白光。它说的其实是一种意象：心中没有杂念，真的实现"无"的时候，就会生出智慧，这就是典型的"无"的境界。心不清净、充满杂念时，智慧是生不起妙用的，就像堆满了杂物的房间里生不起白光一样。

大家知道，中国画有个特点，就是喜欢留白。我记得，很小的时候，我看过一幅画，叫《独钓寒江图》。它的画面非常干净，只有一个拿着钓竿的老翁，和一只小船。看得出，当时正在下雪，天地间一片白茫茫。这就是"千山鸟飞绝，万径人踪灭。孤舟蓑笠翁，独钓寒江雪"。"孤舟蓑笠翁，独钓寒江雪"很容易表达，但"千山鸟飞绝，万径人踪灭"怎么表达？不用刻意表达，只要留出一片干干净净的天地即可，因为"鸟飞绝"就没有鸟了,"人踪灭"也没有人。这是中国画很美的一种画法:呈现一种"无一物"的境界,叫你自己在心中生起无穷的想象画面(即妙有),感受那妙有中的静寂之美。

优秀企业家不仅仅是做实业的,他还要是个文化人,至少有成为文化人的想法,愿意去学习、了解一些看似不实用的文化,特别是历史和哲学。文史哲是典型的无用之大用,表面看来没什么用,却能解决人生的根本问题。文史哲学得很好的人,如果有很好的素养,能学以致用,像老祖宗说的那样活着,那样做事,就会非常出色,不管在哪个领域,不管从事什么职业,都能不同凡响。

中国有很多这样的例子,古往今来,很成功的人大多有大哲学家的思维,言行非常合道,包括现代企业家中的很多高人。因为,生意做得越大,面对的世界越大,站的位置越高,就越需要企业家有一定的思想高度、深度和广度,而这些培养要靠文史哲。同时,受到的挑战和遇到的人性陋习也会越多,企业家还需要有更好的德行、更大的胸怀,才能包容各种各样的现象,承担寻常人难以承担的压力。也是因为拥有这些特质,他们的眼光才会超越利益和一时的得失,始终把服务他人、贡献社会作为自己的目标,而实现这个目标的同时,他们就会得到社会和他人对自己的回报。

我经常说到互联网思维,但我指的不是"标题党"等哗众取宠的思维,而是一种服务型的思维。拥有这种思维的人没有小算计、小聪明,也不去想如何增加流量,只考虑如何更好地服务用户,如何更好地满足用户的需求,如何更好地帮助用户成功。因为这种思维,互联网获得了巨大的成功。世界很快进入了互联网时代,很多拥有这种思维的互联网企业,都获得了巨大的成功。

我认为,这几年发展起来的拼多多很厉害,它将社交与团购理念整合到电商平台的服务模式之中，让用户能以更低的价格买到商品，所以越来越多的用户喜欢在拼多多购物，而拼多多也逐渐成为主流的电商平台之一。其创始人在致股东的信里说过一句话："我们的策略不是从打破一个垄断，到创造一个新的垄断；而是从打破一个垄断，到提供一个新的选择。"简单地说，互联网思维的重要特点，就是不从自身利益出发，而是从用户利益出发。当然，从用户利益出发，是发自内心地为用户好，想创造出能让用户幸福快乐、安心享用的产品和服务，而不是为了赚钱。这意味着企业在设计产品和服务的时候，会完全消解自己的需求和喜好，贴心贴肺地为用户考虑，哪怕会增加自己的成本，降低生产的效率。这份用心，最终会在产品和服务上体现出来，企业也会得到用户的信任和回报。

无论时代如何发展，人类都需要这样的思维，这种思维也符合《道德经》的"道生之，德畜之"。也就是从道的境界中产生，以德行体现出来。所以，虽然企业家不一定完全做到了这一点，因为他们不一定掌握了《道德经》至高智慧的内核，但他们已经掌握了一种合道的应世智慧。这种智慧对互联网时代的意义，就像大道智慧对个体的意义，是后者生命中的太阳。

我说过，太阳照耀万物，却不要求万物给它什么，互联网就是这样。在互联网时代，如果有些人只能做一些很小的事情，就说明他们只追求一些很小的利益，否则，在这个时代给予的平台和便利之下，他们只要努力，只要肯学习，只要愿意奉献，就很可能会做大。如果他们不关心用户的需求，只想从用户那里得到更多的利益，比如希望用户能多点击他们的广告，让他们多获得一些广告费，为此不惜伤害用户的使用体验，用户就会非常反感，慢慢地，也就不来使用他们的服务了。所以，做得很大的互联网企业不会有这种小动作，它们只会把自己化为太阳，化为大道，让每个人都能从它们那里得到自己需要的东西，让每个人都能成长。

二、慈俭不争先，大道之三宝

"我有三宝，持而保之。一曰慈，二曰俭，三曰不敢为天下先。慈故能勇，俭故能广，不敢为天下先，故能成器长。今舍慈且勇，舍俭且广，舍后且先，死矣。夫慈，以战则胜，以守则固。天将救之，以慈卫之。"

在这段话中，老子告诉世人，我有三件宝物：一叫慈，二叫俭，三叫低调不争。因为慈爱才会奋不顾身，因为俭朴故能积累广大，因为低调不争才能妙用万物之所长。但现在刚好相反，有的人舍去慈心追求蛮勇，舍去俭朴追求广大，舍去不争凡事争强好胜，最后就只有死路一条。有了慈爱之心打仗才会获胜，防守也才会坚不可摧。所以，天想要救谁，必然会让他的心中充满慈爱。

其实，这也是人们取得成功，并将成就传承久远的秘密。

在人类历史上，老子生活的"轴心时代"非常重要，时间约在公元前800年至公元前200年。那段时间里，东西方几乎同时出现了好几个伟大的哲学家：古希腊有苏格拉底，苏格拉底又教出了柏拉图，他们都对古希腊文明，甚至整个西方文明产生了巨大的影响；古代印度有释迦牟尼，释迦牟尼创立的佛教的影响力之大，自然不需多言；古代中国也有孔子、老子、墨子等诸子百家，我们都知道，孔子和老子的学说影响力很大，其实墨子也非常了不起，他的"兼爱""非攻"学说影响很大，他到处去传播、希望诸侯停止战争的行为也很伟大。

我看到，那个思想黄金时代的智者，都怀有同样的宝物，那宝物放大光明，能照亮人心之中的所有黑暗角落；那宝物如甘露，能熄灭世间所有的热闹与争斗。

它在佛陀的手中，也在老子的手中。它叫作慈悲心。其实，老子或者佛陀，看似说了那么多，说的也只是这几个字。这慈悲心，便是世间最强大的力量。济世救民，撒播光明火种，为人民谋幸福，哪个不需要大丈夫的无畏勇猛精神？哪个不需要影响世界的大力？而大勇和大力，都只能从慈悲心中产生。因为慈悲心会让你有担当，有梦想，也会为之而不断努力。

我常说："慈悲是无上的铠甲。"为什么？因为慈悲，是一种包容的爱。如果你足够包容，总能站在对方的立场，为对方着想，包括为客户和员工着想，你自然不会有过多的评判和烦恼。所以，无论是对企业的经营来说，还是对企业家的生命质量来说，找到生命中的道，让自己安住在道的境界里，用一份无我无执的大爱面对世界，都是最重要的。

最大的慈心，就是佛陀所说的"无缘大慈，同体大悲"，它并非单纯的同情心，也不是受外境刺激所产生的怜悯之情，它是一种境界，也是一种证量，更是一种生命的超越状态。它没有任何条件，不是说你是我的亲人，或者朋友，我就怜悯你，关怀你，而是说你跟我没有任何关系，我也依然会怜悯你，关怀你。它的本质就是无条件的爱。对一般人，也就是没有证得无我慈悲的人来说，这种爱只会存在于亲人之间，比如母女、母子、父女、父子之间。有时，甚至就连亲人之间，也不一定会有这样的爱。所以，我们要修炼爱，首先要无条件地爱亲人，然后将这份爱波及身边更多的人，再一点点将它扩散出去。扩散到最后，你会发现分别心在一点点消散，烦恼和执着也渐渐地消失了踪影。能自然而然地做到这一点，而不是刻意地去做，才是真正的"无缘大慈，同体大悲"。达到这种境界的时候，就没有人能令你愤怒、嫉妒、恨，也没有人能令你贪婪、无知、堕落了，你的心里就会充满坦然、快乐和逍遥。所以，慈悲利众就是最大的利己。许多时候，帮助别人就是在帮助我们自己，因为你在帮助别人的同时，也在升华着自己的生命，实现着自己的价值。

一个证得了大智慧大慈悲的智者，即便选择做隐士，不参与红尘中的一切争斗，也必然会有忧国忧民之心，想要尽己所能，把智慧告诉君主，将君主培养成能够泽被苍生的圣王。而这一点，也许是我的《老子的心事：雪煮〈道德经〉》中最有情感色彩的一个部分。

如老子所愿，柔性思想渐渐被统治阶层所接受，甚至被转化成一种非常重要的谋略之法。面对一些比较强大、影响力很大的群体时，当权者一般都会采取怀柔政策，就连面对某些谋反的群体时，他们也仍然会尽量地怀柔，比如汉文帝对待南越王赵佗。赵佗在秦末趁乱割据岭南，建立南越国。汉文帝即位后，采取怀柔政策，派人修缮赵佗在中原的祖坟，又派使者带去书信，表达友好与尊重，最终赵佗去帝号，向汉朝称臣。

怀柔之法的好处，是能克敌于无形，不战而胜。我们常说"仁者无敌"，那"无敌"，就是"天下之至柔，驰骋天下之至坚"，也是"不战而胜"。能够不战而胜的人不是力量够大，也不是比所有人都更有谋略，而是永远有一颗慈悲之心，永远不与人争利。优秀的企业家也是这样，就如企业家于东来所说："企业家最终的价值并不是证明自己，而是造福社会、造福人类。"

老子还有两样宝物，相当于慈悲心的左膀右臂，一个是"俭"，一个是"不敢为天下先"。

俭可以理解为节俭、俭约，其实它远远不止于此。俭的本质，是一种戒，是一种少欲知足。二者原本就是一致的。节俭也好，俭约也好，都是对自己的一种约束，和戒律一样，是将欲望和私心杂念等多余之物，也就是生命不需要的东西，全部剔除，保护好真心的素朴。

俭也即老子强调的"夫唯啬，是谓早服"。老子认为，只有懂得节俭（爱惜精力、资源等），才是尽早地遵循道的原则（顺应自然规律）。节俭是人生中非常重要的一种准备。按老祖宗的说法，我们每个人的生命中，都有相对固定的一部分财富可以使用，这里用多了，那里就会减少，要是过度挥霍，更是会过早地消亡。所以，要注重节俭，注重积累，不要过于注重自己的享受，要让老百姓生活得更好，这样国家也能长治久安。当然，这主要是对过去的君王和现在的国家领导人说的，对于企业家来说，要为实现企业的大目的做好准备，要注重道，要让员工生活得更好，让用户享有更好的服务或产品，这样企业也会更加稳定和长久。

人生中需要做好很多种准备，包括物质、科技、文化、学养等方面的准备，但最重要的，还是人格、境界和智慧上的准备。就是说，我们在做好心外的准备时，甚至在做好心外的准备之前，就要做好心内的准备，要让自己的德行日趋完善，让自己的人格日趋完美，让自己的境界日渐博大，让自己的智慧日渐圆满。

注意，老子在这里强调早做准备，是在提醒我们，让一切长久的关键不在心外，而在于心态上的珍惜、敬畏和节制。因为，只有做到这一点，人的福报才可能增长，而不是一味被消耗；有了绵延不绝的福报，因缘才不会过早地离散，关系才不会过早地终结，很多新机缘才可能出现，并且尽可能地持续得更久一些，家庭、企业、事业、文化、民族，甚至国家，都是这样。这是中华民族独有的治理智慧。

企业如何运用这种智慧？善待员工，善待用户，用心生产和服务，用比获得财富更快的速度回报社会。回报社会的方式有很多，做公益做慈善是较为常见的一种，还有其他的，比如激励社会创新，引导积极的社会风气，培养优秀的人才。尤其是响应全民阅读号召，不但可以组织员工读好书，增加智慧和学养上的学习，也可以向社会捐赠好书，让更多的人受益。这不仅是在奉献社会，造福百姓，也是在积累自己的厚德，锻炼自己的修养，放大自己的爱心和担当。这些，都能让人消解小我，破除执着，接近大道和真理。

你想，商朝为什么会覆灭？因为商纣王的修养不够，在诱惑面前失去了初心，飞快地消耗着福报。他作为一国之君的福报越来越少，商朝的国运也就越来越弱，弱到一定程度的时候，国家就会无可避免地衰败，他就会完完全全地失去民心，所有人都会盼着他早点败。这时，他的路也就走到头了。所有君王都是这样，要是不能收敛自己的行为、欲望，不懂得节制，最后就算不会亡国，自己也会短命夭折。

最典型的就是秦始皇父子——秦始皇虽然是千古第一人，雄才大略，居功甚伟，但他的雄心壮志也使他公欲、私欲都很泛滥，不知自我约束和克制，而且过度使用民力，违背了"啬"的理念，将一切都飞快地消耗殆尽，最后就只能灭亡。他的儿子胡亥也是这样，不但沉迷享乐，而且对大臣和百姓都非常糟糕。于是，强大的秦帝国说灭就灭了。你想，连国家都是这样，何况一个小小的人生，一个小小的家庭，一个小小的企业？

所以，有智慧的人不仅不会浪费福报，还会积极地增长福报、积累福报，甚至不但要珍惜自己的福报，还会主动考虑到别人的需要，为别人留出余地，让别人能有一条活路。只要能做到这一点，别人就不会来伤害你。

汉朝从开国皇帝刘邦开始，就选择了老子的哲学主张来治国，提倡勤俭持家，积极劳动，不过度挥霍。因为，当时国家已经很贫瘠了，再挥霍的话，就什么福报都没有了。处理对外关系的时候，他们也是这样，不但不会堵住别人的路，让别人没办法发展，还总是给别人留出余地，甚至主动成全别人。

古代中国的和亲政策就是这样，汉人不但会把公主嫁到西域，还会定期给对方大量的钱财和粮食。对方有了生存之资，不至于吃不饱肚子，还能活得相对滋润，就不会轻易入侵中原边境，双方就能尽量地相安无事。汉朝在最初的六七十年中，就是靠这个政策才更好地保全了自己，换来了稳定发展、积蓄国力的机会。所以，当时的汉朝，是老子思想典型的受益者。

中华民族最强大的时候，并不是最穷兵黩武、最强势的时候，而是把老子思想用得最好的时候。个人、家庭、企业同样如此。所以，无论是家庭还是企业，如果能掌握《道德经》的智慧内核，都会像当初的汉朝那样，能够相对稳定，并且和谐发展。

老子的第三个宝物是"不敢为天下先"，它既是一种谦下不争的德行，又何尝不是一种平等心和无分别心？若视万物等同，人我无别，还有争先的念想吗？所以，安住在《道德经》的至高智慧中，就不需要——也不会再去与人竞争了，只会积极精进、想尽办法地完成自己该做的事，在健康活着时奉献社会，服务他人。这无论是对企业家、管理者还是对员工来说，都是一种解脱。

因为，当今的时代，恰好是一个大争的时代，大到国际局势，小到企业单位内部，没有一处不是被竞争的浪潮啸卷的，全世界、全社会那么多的企业，似乎都在内卷，不管是在高科技行业，还是在基层的生产加工行业，似乎所有人都陷入了争斗之中。但我们也会发现一个奇怪的现象，能赢的企业或者团体，并不是战胜了其他竞争对手，而是战胜了自己的局限，找到了自己独特的那条路，并一直随顺时代的变化而调整自己。

所以，我也常说，大争时代，不是要千方百计斗垮别人，而是要千方百计和自己死磕。对自己达成绝对的把握，对时代变化达到完全的适应，不用和别人争，你也能赢。要知道，时下的各种变局在不断地刺激人心，如果人没有找到生命中的道，不能看破水泡般不断出现的现象，把握住人生的核心，就会活得很有压力。所以，谦下不争本身就是一种快乐。

大家一定要明白，看起来不起眼，不招人嫉妒，非常憨厚，什么都是别人好，让大家都很舒服，大家都能接纳的人，才能做成大事。这也是"大智若愚"的表现。记住，做大事、有大才能的人永远是谦逊、低调、平易近人的，这种人才接近《道德经》的智慧内核。

所以，企业家在事业成功之前，必须在人格和境界上成功，做一个合道的人，拥有合道的思维和言行。这才是符合中华文明传统价值观的成功，也是事业得到大成的必要条件和最好的保障。

第三节　习常持恒践大道

一个人所有的行为，都在印证着他的觉悟。理上的明白不等于事上的清凉。单纯有药方是治不了病的。我们要在日常行为中体现并实践我们的智慧和精神，让自己成长为道的载体。

一、得失无需计，大制不可割

老子说："知其雄，守其雌，为天下溪；为天下溪，常德不离，复归于婴儿。知其白，守其黑，为天下式；为天下式，常德不忒，复归于无极。知其荣，守其辱，为天下谷；为天下谷，常德乃足，复归于朴。朴散则为器，圣人用之，则为官长，故大制不割。"

拥有太阳一样的雄心，却像大地般柔顺宽厚，你就有了山谷一样能容万物的德行；当你像溪水那样，将太阳之心和大地之行变成生命常态，道德就会变成你的本能，你的心会像婴儿般单纯干净、质朴自然。你心里明明白白，对一切都明察秋毫，表面上却愚钝昏昧，糊糊涂涂，没人能看出你有智慧。这时，你的德行就不会出错，你也会慢慢回归大道至理。知道如何得到荣耀，却甘愿做一些别人觉得低下的事情，你也就做到了虚怀若谷，能够汲取全天下的营养。当你虚怀若谷，能吸收全天下的营养时，你就有了真正的内证功德，这时，你也就归于自然朴素，毫无造作表演了。当你将大道的智慧用于生活时，你所有的行为都会成为大道的载体和妙用，你也会成为那个领域中具有影响力的人物，甚至成为天下人的模范和榜样。

所以，有大格局的人不会受限于某个细节，更不会受制于狭隘、片面、零碎的东西，所有的事物在他眼里，既是个体，也是整体中的部分；既是起因或结果，更是因缘链条上的一环。他看到的是整个有机体的运行，看到的是所有人、事、物之间的互动关联。他的决策，是为了整体服务，是为了实现那个根本的目标，而不会被细节和琐碎牵制。

在践行大道的过程中，要"知其雄，守其雌""知其白，守其黑""知其荣，守其辱"，让自己像"天下溪"一样，虚怀若谷，容许生命中出现一些暂时不合心意的事，让一切都成为你完善人格的道具，追求"常德不离""常德不忒""复归于婴儿""复归于无极""复归于朴""为天下式"。

这就是"大制不割"——当你有了一个大的目标，又能在人生中随时守住自己的追求，不做不符合这个追求的选择时，人生中的每一刻都不是割裂的，都跟你的"大制"密切相关，都在作用于你的"大制"。就像你决定要去北京时，就不断地向着北京走，不管你途中是步行还是坐车，或是坐飞机，不管你途中是翻山越岭，还是涉水过河，都会让你离北京更近，哪怕你遇到一点障碍，偶尔要绕个弯，走一点弯路，但你只要仍然走向北京，不改变目的地，你的"大制"就没有割裂。做任何事都是这样。绕个弯，就是受点挫折。

我们的生命是一个整体，所以，不要计较一时一地，不要局部地、孤立地衡量得失，不要只关注眼前。偶尔"守其雌"，也就是示示弱、忍一下辱，没什么大不了的，拳头收回来是为了用更大的力量打出去，鹰俯冲下来之后还会再一次飞向高空。只要你有足够的实力，有整体的智慧，一时的"失"就不会给你造成什么损失，你终究会获得你向往的成功。当然，我所说的成功不是升官发财上的成功，而更多的是一种人格上的成功，《道德经》里强调的也主要是如何与道合一，如何达成人格上的成功，而不是帝王之术。

怎样就是与道合一？完善人格，做一个真正的智者，用智者的方式做事，和世界打交道。按老子的说法，真正的智者必须是得道者，他们的内心无我无私，又有大的志向，也能始终守住志向，无论世界如何变化，都不改初衷。

有大的志向，又能始终守住方向，这一点很重要。很多人的天分和才华都差不多，但每个人设定的人生目标不一样，很多人在年轻的时候甚至是没有目标的。而我却在很小的时候就确定了人生目标，一生中所有的选择都围绕这个目标，从来没有偏离过。这一点，我已写入《一个人的西部》，有兴趣的朋友可以找来看一下。

我是农民的儿子，在一个非常偏僻的西部小村里长大，师范毕业后做了小学老师。但是，我一直梦想成为作家，也坚信自己将来一定是个了不起的作家。那时，很多人都对我的梦想和选择不以为然，说什么的都有，但我从不在乎。我知道如何当官，但我不去当官，因为我这辈子不是来当官的。同样，我知道如何获得世俗意义上的成功，也知道怎么赚大钱，但我不去追求世俗的成功，也不去赚大钱，因为我这辈子不是来赚钱的，我有更重要的事情必须完成。

当然，我也爱钱，并且觉得钱是个好东西，但我不一定要拥有很多钱。没钱了，就想办法挣点钱；有了钱，就做事。钱不多，就少做点事；钱多了，就多做点事，尽量把钱花在该花的地方。所以，钱不能控制我，不能让我切割自己的人生，破坏人生格局的整体性。也就是说，我的一切行为和选择，都必然对整体的人生目标有益，即使出现波折和变化，我也只会顺应变化，寻找当下对人生目标最有益处的方法。因此，我做成过很多事，可它们一旦牵扯我过多的生命，让我偏离人生目标，我就会放弃。当然，我现在的目标不是成为作家，而是著书立说，为中国文化修桥铺路，让中华文明走向世界。跟这个目标没有关系的一切，我都会完完全全地舍掉。当你也做到这一点，能够"大制不割"的时候，你的目标就必然实现。

所以，只要你做的每一件事，都是在为这个大目标做准备，从来没有分割过目标和生活，你的人生中就没有真正意义上的弯路，也没有真正意义上的浪费。你就能一直往前，开拓更大的人生格局，做更多的事情，丰富最初的设定。这就是"大制不割"。

很多人都缺乏积累，看到一个机遇就冲上去，遇到困难再找另一个机遇，这就是不明白"大制不割"，不明白人生需要积累，也不明白自己的目标是什么，有什么值得用一生去追求。这样的人生，最后注定会碌碌无为。

虽然过去的生命轨迹是无法改变的，但我们可以选择日后的行为。希望有些朋友能明白这个道理，为接下来的人生做好整体规划，将人生作为一个整体来对待。将有限的时间和生命用来践行大道，实现终极目标，也就是明道、修道、合道、证道，用道的智慧来指引生命，这一点太重要了。

对于企业来说，"大制不割"还有一个重要的内涵启发，那就是企业家要有"大制不割"的思维和眼光，去看待世界、社会、客户群体，以及企业自身。传统的企业眼光是这样的：和客户之间，企业卖东西，客户买东西，是单向流动；和员工之间，企业管理层管理员工，员工接受管理，也是单向流动。

但是，换成"大制不割"的思维和眼光，一切就都不一样了。企业和客户之间，不再是单向流动，而是彼此之间形成一个有机生态环境，客户可以向企业定制产品，企业根据客户需求生产；企业还可以为客户创造一个需求，客户于是进行购买活动。双方可以互相影响，互相唤醒，互相调控，互相反馈。

企业内部也是同样，员工不再是按照层次接受指令，而是可以同时运作，进行创造性活动。这有点类似于我之前讲过的"兵团作战"，根据实际项目，进行灵活组队，没有固定不变的指挥者，一切视项目而定。每个人都可以灵活机动，变换自己的角色，灵活且有序，因为目标是明确的，作战思路是明确的。我们的大脑神经元就是这样工作的。收到一个任务时，相关的神经元就会立即启动，产生连结；无关的神经元不会跟着一起动，有关的神经元也不会胡乱连结，效率越高的大脑，神经元的联结越简明高效。因为大脑是个有机整体。我们的企业也要成为这样的有机整体，才能在网络时代适应快速、灵活、便捷、高效的要求。

二、心柔并行坚，习常成自然

中国人的哲学不离日常生活，它是一种生活方式。这种生活方式，从先秦甚至更早的时代就开始了，即便是后来的禅宗文化，从《六祖坛经》中可以看出，它仍然不离日常生活。这是中国哲学的特点，也是中国文化的特点。

孔子之所以被称为伟大的教育家，原因就在于，他从具体的言行入手阐述大的道理。这是孔子教学的特点。记录孔子言行的作品中蕴含了深刻的道，但我们很少看到他大段大段地描述道，更没见过他把理念或思想教条化。他都是在活泼的生活中启迪学生，根据对方的根器说不同的内容，让学生自己去体悟，这叫有教无类、因材施教。

他的学生，也注重学以致用，而不仅仅是钻研知识。比如"子路有闻，未之能行，唯恐有闻"，子路知道一个道理后，一定会照着去做，如果做不到，就唯恐知道第二个道理。这不仅仅是子路自己的素质，也是孔子的倡导。孔子总是告诉弟子，要把学到的东西用于日常行为，知之为知之，不知为不知，哪怕道理上知道，行为上做不到，也是不知。简言之，言必信，行必果。所以，只要是孔子带出来的学生，或是在生活中练出来的学生，都是大道精神的载体。后来，儒家诞生了一大批经世致用之才，他们都是国家之栋梁，如历朝历代都有辅政治国的能臣贤臣，这就为中国大一统的政治体制提供了人才保障。

人可以有跃进的雄心，可以追求发展和进步，但必须有一种尊重规律的生命常态，因为，"飘风不终朝，骤雨不终日"，急功近利不可长保。所以，我们不要做狂风暴雨，要做绵长的溪流，一切都允许它慢慢来。老子也不提倡"狂风暴雨"，他提倡"慈柔""恒常"。

企业也可以慢慢来吗？当然，而且必须慢慢来。很多人特别心急，刚刚设立一个企业，就想着什么时候能上市了。确实有过这样的例子，但几乎都像是演了一场绚丽的烟花秀，很快就找不着它了。企业的慢慢来，就是重视积累。能走得长远的企业，无一不重视积累。人们常说：来得快的东西，去得也快。有时候发展太快，不是什么好事情。庄稼抽节抽得太快，茎秆都不结实，何况企业呢。只有一种情况下的发展快，才是正常的，那就是厚积之后的快速发展。像竹子一样，能在地下埋三年，出土后三天就长那么高了。所以，当企业处于积累的阶段时，要允许它慢慢来，不要急功近利，盯着同行做无谓的竞争。当然，积累也不是闭门造车，而是明了外面的形势，胸有丘壑，知道自己该在什么方面积累，做好准备——不是指做好所有准备，永远不可能做好所有准备；一边做，一边准备才是常态。

"大道本柔弱，柔弱胜刚强。"大道从来都不是强势的，它柔弱到极致，总是在悄悄地发生作用，从不惹人注意，人们甚至发现不了它的存在。所以，柔弱的状态更接近大道。无论多么刚强的力量，与柔弱绵长、作用于所有时所有处的大道之力相比，都是弱小的，因为刚猛意味着用力，用力的时间必然有限，其影响也是稍纵即逝的，而大道的力量却自然而然，能久久不息。因此，刚猛难以成为生活方式，接近于大道的慈柔与恒常却可以成为生活方式。记住，刚强者容易折断，容易半途而废，走不到终点。要想走到终点，必须消去所有火气，进入柔的境界。

个体生命在践行大道智慧的时候，首先要静下来，将心调柔，然后坦然踏实地做事，按照自己的节奏有规律地生活。

企业的"生命节奏"往往比较快，因为世界变化太快，一旦对未来的方向把握不准确，也许在某个时代的弯道处，就会被甩出赛道。像摩托罗拉、诺基亚、柯达等品牌都是这样。所以，让企业有序发展的前提，是把握好正确的方向。优秀的企业家，总是能看得远，看得准，这样就可以避免企业的急躁失序，不会打乱自己的发展步调。

其实，看看我们国家的每个"五年规划"就会得到很多启发。"五年规划"就是我们国家发展前进的步伐节奏，改革开放以来一直非常有序，不会乱了阵脚，也没有落后于世界发展潮流，反而越来越趋向于引领世界潮流。原因就在于，这个"五年规划"有准确的前瞻性，对于未来五年的发展方向把握很准；更重要的原因是，我们一直有明确的不可动摇的社会发展目标，用老祖宗的话说，叫作"大同社会"，用马克思主义来说，叫作"共产主义社会"。

企业如果也有一个明确的大目标，并且在不同的阶段能够有准确的前瞻性，就能够有自己的节奏和步伐；快慢只是表象，核心在于节奏感的准确，和有条不紊地一直走下去。

这也就是道的智慧。道，无处不在，须臾不离。而老子的智慧，就能让我们接近道，言行合道，在实际的事务中践行道。我们要用好老子的智慧，让它成为我们人生的助缘，同时也成为我们实现梦想的助缘，让我们能更好地实现自己的愿景，为社会多做贡献。

第二章
德——企业厚蕴之功

同于德者，德亦乐得之。

——《道德经》第二十三章

道生之，德畜之，物形之，势成之，是以万物，莫不尊道而贵德。道之尊，德之贵，夫莫之命而常自然。故道生之，德蓄之，长之育之，成之熟之，养之覆之。生而不有，为而不恃，长而不宰，是谓玄德。

——《道德经》第五十一章

善建者不拔，善抱者不脱，子孙祭祀不辍。

——《道德经》第五十四章

含德之厚，比于赤子。……终日号而不嗄，和之至也。

——《道德经》第五十五章

祸兮福之所倚，福兮祸之所伏。

——《道德经》第五十八章

早服谓之重积德，重积德则无不克；无不克则莫知其极；莫知其极，可以有国；有国之母，可以长久。是谓深根固柢，长生久视之道。

——《道德经》第五十九章

《道德经》可分为道和德两部分，其中，道为本体，德为道之用，也是道的外在体现。如果说道是大海，德就是浪花。大海必然有浪花，得道者也必然有德，并且必然会用行为把德表现出来；如果得道者无德行，就没有真正得道。

道是本有的智慧和规律，不是人思维出来的。如果说道属于形而上的层面，德就是道在人世间的呈现，承载了道的智慧和境界。对于任何一个真正得道的人来说，德和行都是不会分开的。其中，德为内在动力，也就是形而上的、精神层面的道在生活中的内在呈现；行则是德的外在表现。两者缺一不可，也不可能缺一。"道生之，德畜之"就是这个意思。

德行是恒久的真理，没有德行，一切都是暂时的，都像树上的叶子，迟早会在尘风中飘落。古人云："厚德载物。"人若有好德行，就没有承担不了的事；相反，人无大德，便无法成就大事。

———

第一节　立德尚志稳根基

很多人可能不太了解道，但他们一定不会对德感到陌生。从很小的时候，我们就从父母那里得到了品德教育，上了小学之后，学校还会开设专门的道德教育课。但每个人对德的理解，都难免带着自己的局限和烙印，自我局限越小，境界和智慧越高，对德的理解就越是接近大道的境界。其实，老子所说的德也罢，老子之外的古代先贤所强调的德也罢，都必定建立在明道的基础上，因此必然能体现道，也必须能体现道。

在合道的基础上立德，并树立高尚远大的志向，可谓是为终身成长与基业长青打下了坚固的基础。

一、做事先做人，立业先立德

做事先做人，这是亘古不变的道理。

从小到大，有关做人的道理我们耳熟能详，然而，品行优劣却人各有异，做事的结果也大相径庭。

任何失败者的失败都不是偶然的，任何成功者的成功也都有其必然性。其中最重要的一个因素，就是怎样做人。做人的成败，与做事的成败密切相关。孔子弟子有若说："君子务本，本立而道生。"（《论语·学而》）美国哈佛大学行为学家皮鲁克斯也说："做人是做事的开始，做事是做人的结果。把握不好这两点的人，永远都是边缘人！"

因此，做任何事都要先学会做人，做人是第一位的。做人上成功了，做事才会成功；做人上要是不成功，做事也不会成功。因为事是人做出来的，你是个什么样的人，就必然做什么样的事。一个具有良好人格的人，在面对困难和挑战时，能够坚守自己的原则，勇敢地面对并克服困难。具有良好人格的人，做什么事都会成功，都会有大的气象。所以，无论是立志还是立业，都一定要先立德，也就是在人格上着力，做个好人，做个有大志大行的人。老祖宗称之为"以德立身"，也就是积累厚德，以道德为立身之本。

"以德立身"是做人最根本的原则。在人生的不同阶段，道德对人的要求虽有变化，但"以德立身"作为人生支柱这一点是不会变的。

当一个人的品德被认可时，人生格局才随之开启。企业家曹德旺说："小成靠智，大成靠德。"聪明也许能助人取得一时的成就，但它不能让人一辈子成功；品德才是一个人能长立久安的根本，它是一个人被证实了的信誉和正直，是言行一致的结果，比其他任何东西都更显著地影响外界对他的信任和尊敬，所以，它是一个人最宝贵的无形资产。被称为"内圣外王"的曾国藩曾说，自己宁可被认为是无才有德的庸人，也不可被认为是有才无德的小人。

《道德经》云："早服谓之重积德，重积德则无不克；无不克则莫知其极；莫知其极，可以有国；有国之母，可以长久。是谓深根固柢，长生久视之道。"就是说，早做准备就是要先修德，为自己打好人格基础。只要注重德行，就没有什么是不能承载和胜任的；没有不能承载和胜任的事，就能有无穷无尽的力量；有无穷无尽的力量，就有了国家存在的根本；国家有了存在的根本，才能长治久安，这时，国家的根基就非常稳固了，国运也会很长。

立德同样是立业的基础，是成功的秘密。孔子说："德不孤，必有邻。"好德的人不会孤独，为什么？因为他必然会得到认可，也必然会有朋友和追随者。为什么？因为德会让你得到认可。得到别人的认可之后，别人才会和我们成为朋友，甚至跟我们一起做事。所以，品德一定要好。孔子周游列国的时候，时常挨饿，又有生命危险，但还是有十多个学生跟随他。为什么？因为孔子德行好。如果孔子德行不好，别人看不上他的话，他就没有学生，就只能待在鲁国——即便待在鲁国当一个教书先生，也需要有人认可他，否则不一定有人愿意跟着他学。

很多时候，德都是可以培养的，大部分人的德行都不是先天的，而是后天形成的。当然，也有一种人天生就很好，就有厚德，但严格地说，这种人的德也跟后天有关系。为什么？因为德是一种习惯，天生的习惯，也会被后天的熏染所改变。同样，天生德不厚的人，也可以通过受教育，和持之以恒的训练，完成对德的积累。那么，厚德是如何形成的呢？四个字，积善成德。一点一点的善心，一点一点的善念，一点一点的善行，一点一点的积累，慢慢地形成习惯之后，就成德了。

德不是一种语言，而是一种行为。当然，倡导某种善行的时候，语言本身也承载着德。孔子和颜回最大的不同在于，颜回的内证很高，内德很好，但颜回对社会的奉献没有孔子好，他更多的是一个弟子和实践者，所以人们认为孔子是圣人，却没有人把颜回当成圣人。圣人之为圣，不只跟他内在的修养有关，更在于他对社会有巨大的善的影响，这需要大量的奉献社会的行为。没有足够的奉献，就不会得到人们的认可，也不会有很大的影响力。人们所说的圣人，实际上是一种对圣人德行的认可。

德没有多么高深，就是一点一点外达的善。道家修行中，一再强调成道之后，还必须有三千功行，就是做三千件善事。为什么呢？因为一个人做了三千件善事之后，行为就会形成习惯，他就有了德。以前，我还强迫自己日行一善，现在就不要求了。为什么？因为我无时无刻不在做善事，无时无刻不在利他，无时无刻不在传播文化。在如如不动、了了分明中，做自己该做的事情，帮自己该帮的人，完全变成了一种生命本能，再也不需要要求自己，这就是德。

"同于德者，德亦乐得之"，当一个人的生命本体和他追求的品德合二为一时，品德就会成为他的助缘。就像唐朝诗人高适所说的："莫愁前路无知己，天下谁人不识君。"真是这样。只要有足够的道德就不用怕，你的身边总会出现同道和同志——过去所说的同志，实际上就是同道的意思，因为他们志向相同，向往相同，愿意一起做某些事情，这就是"物以类聚，人以群分"。无数与你志同道合的人，都会帮助你成就大事业。所以，没有知己和同道的时候，也许是德行还没到那个份上，那就安心修炼自己的德行。

德的甲骨文是"彳"加上"直"，"彳"表示道路和方向，"直"就是正直，因此德的本意就是走正路，按照正直的准则去行事。后来金文德的写法又加上了"心"，可以理解为从心而发的正直，心和行一致，都要正直。"彳"所表示的道路，不仅仅是具象的道路，更是大道本身，传统文化用"道"来指实际的路，本身就有一种了不起的寓意。每个人都要走在智慧的"大道"上，走得正，走得直，这就是德。道与德，并不是离我们很遥远的抽象的东西，它们就在我们的一言一行中，就在我们切实的生活中。

华为大学的校园里贴有这样一句话："小胜在智，大胜靠德。"小的胜利可以靠聪明，大的胜利要靠品德。反过来也是这样，当拥有大德行的企业家，带着员工不断走向一个又一个胜利的时候，他们的追随者自然会越来越多，而被他们所感染和感动的人，往往也是有理想、有向往的人，他们聚到一起，必定能成就一番事业，为社会做出巨大的贡献。这时，他们必然会成功，进而成就更大的事业，他们的追随者也会更多，最终，企业就会实现良性循环和长期稳定的发展。

二、善德建大志，善抱能大守

最好的建设是善德，也就是建立自己的做人道德（对企业来说，是指企业道德），用"德"来让自己拥有大志。一个人如果没有大志，就会缺乏向上的动力。所以，大志是一个人一生中非常重要的东西，它决定了一个人生命的质量和高度，也决定了一个人生命的广度和深度。如果你还没有找到清晰的志向，就要不时地追问自己，尤其要在无常发生的时候追问自己，看看自己这辈子要做什么，有什么事情是不做就白活了的。

注意，你的大志不能是满足自己的某种欲望，甚至不能是为了自己，它必须是你的精神追求，虽然需要依托物质来实现，但它的目的不能是物质。因为，如果你以获得物质为志向，那么在得到的同时，你就会失去志向，以获得金钱为志向也是这样。而且，物质是留不住的，它就算不会被别人夺走，也会自己消失。这样的东西是不能作为志向来追求的，否则，你追求一生的一切，都有可能被瞬间摧毁，你一生的努力也会化为泡影。

大志不是这样，它必须是为了让更多人受益而建立的，这样的志向才是别人夺不走，自己也不会消失的，是一种会永远留存的业绩。我们不知道老子是什么时候去世的，但他留下了《道德经》里的信息。虽然这个信息自出现至今，世界已经发生过无数种变化，再也不是当年的样子了，但《道德经》仍然在世界范围内有着广泛的影响力和知名度，泽被后世。这就是老子所说的"善建者不拔"，也是我所说的"不拔成恒业"。

十多年前，我在深圳采风时接受过一个采访，当时我说，我们可以做一个假设，如果有一天，战争或海啸、地震等人祸天灾摧毁了深圳，这块土地上有没有什么能依然存在，不会随着建筑和财富一起被摧毁？就是说，除了厂房、产品和财富等东西，深圳还为世界留下了什么？其中有没有一种东西是无常毁不掉的，可以传承给下一代、继续影响世界？如果有，深圳就不会消失；如果没有，毁灭性的灾难一旦发生，深圳就会从世界上永远地消失——人们也许会想起他们多少天可以建起一座高楼的神话，但这个神话很快会被新的科学和技术所打破，人们不会再为这个速度而惊讶。很多城市都是这样，那里的人们都以为自己建立了不朽，可无常的飓风一来，就一切都崩塌了。这样消失的城市有很多，有可能这样消失的城市也有很多。所以，无论是个人、群体、城市还是国家，都应该想一想：自己要立下怎样的志向，如何去实现它，未来才不会随着物质的毁坏而消失？

"三军可夺帅也，匹夫不可夺志也。"（《论语·子罕篇》）三军的统帅随时都可能被替换，匹夫的志向却任谁都夺不走——当然，夺不走的必然是大志向，如果一个人的志向过小，那么不需要别人去夺，他自己就会动摇。为什么？因为，当一个人的梦想非常远大时，他的格局和胸怀也会很大，这时，很多欲望性的东西都诱惑不了他，也伤害不了他，反而会被他转化为动力，让他更加努力地实现梦想。但如果他的志向很小，只是一个欲望，他就有可能被别的东西所诱惑，忘掉原来的那个所谓志向。所以，大志向是最好的防护罩，你的志向有多大，防护罩就有多坚固，就能抵挡多少诱惑和伤害。

我很小就有救世的梦想，所以一直不在乎很多琐屑的东西。写《一个人的西部》时着意去回忆，才发现自己原来有过各种各样的经历。对大部分人来说，其中的很多经历都是很有杀伤力的。别的不说，光是我不跟别人聊天，不跟别人套近乎，也不参加别人的娱乐活动，等等，就得罪了很多人，也惹来了很多的议论。因为这种格格不入，我的生命中充满了批评的声音，也充满了挫折和磨难，但我从来都不在乎。因为无论经历了什么，我都只想快点回到宿舍，好好地学习，好好地修行，好好地写作，没时间去管那些人的情绪。就连职称和工资我也不在乎，因为一旦在乎，就要经营，但我不想花时间去经营。所以，很多别人认为吃亏的事，我并没有感受到吃亏；很多别人认为尊严受挫的事，我也不觉得自己丢失了尊严。这就是高远的志向对我的影响。

志向就像一双强健的翅膀，它带着我飞越了山川大河，甚至穿越了沙漠和汪洋。当我走到现在这里，再回头看时，那些曾经批评打击过我的人，早已被我远远地抛在了身后；那些曾经把我当成对手，对我多番阻挠的人，如今也只能举着望远镜来看我。所以，我很感谢自己有一个很大的梦想，这个梦想首先让我自己受益，然后才是我想帮助的那些人。如果没有这个梦想，我就是泥土中的蚯蚓或井底的青蛙，不断跟另外的一些蚯蚓或青蛙计较、争吵、纠斗，几十年过去，也还是蚯蚓或青蛙，只是老了一些，离死亡又近了一些而已。所以，拥有"三军可夺帅也，匹夫不可夺志也"的见识，给自己设定一个谁都夺不走的博大高远的志向很重要，它会保护你向上的心，让你不要被生活的琐屑所吞没。这样你就不会成为一个小人，只会成为一个君子。

记住，从一开始就坚信自己能成为什么样的人，最后就肯定能成为什么样的人，对此不需要有丝毫怀疑。任何一个想要成为大象、不想成为老鼠，并且能一直坚持且实践这个信念的人，最后都一定能成为大象，而不会成为老鼠。同样，只要以助益他人、奉献世界为出发点，不断地完善人格、修正行为，就万事可成，因为你身边的所有人都会帮助你，就连一些你素未谋面，根本想不到他们会帮忙的人，也有可能会帮助你，这是因为你做的事情会感动他们，他们都希望你更成功。

我的读者很多，但除了读者见面会外，我不会跟他们见面，因为我没有时间。但很多读者仍会在各大书展上宣传我的书，有些人甚至不远千里，赶到举办书展的所在地帮忙。为什么？因为他们希望我能更成功。为什么他们希望我能更成功？因为我的书让他们受益了，值得让更多的人读到它们。如果不尽力宣传一下，他们就觉得对不起我，也对不起这些书。有些人甚至把传播我的书当成了人生的意义，觉得不这么做，这辈子就白活了。所以，每逢跟他们见面，我都想把最好的东西给他们。如果不这么做，我就觉得对不起他们。这些人将来也一定能成功，因为他们给了世界一个帮助他们的理由。所以，每一个想要成功的人，都要问一问自己：你有没有给世界一个帮助你的理由？如果有，你就有可能成功；如果没有，你就不可能成功。

同时，善抱能大守，善于守业的人也必定是有志向、有抱负的。如果一个人只是为了自己的欲望而创业、守业，那么他即便成功了，一般也很难守得住。就算他这一代花不完那些钱，到了第二代、第三代，若是仍然没有大志，仍然只想赚钱，那么哪怕守着金山银山，也终究会坐吃山空。所以，做人一定要有大志，不能光为了自己而赚钱，也不能光为了家人、家族而赚钱，甚至不能光为了某个地方、某个国家而赚钱，要为了时代、为了世界而创立事业，贡献文化，输送一种正面的，可以被运用到生活中的信念，用这种文化和信念来造福时代和世界。

所以，足够大的志向，脚踏实地、坚持不懈的追求，能让一个最初很平凡的人超越自己，为国家和世界贡献自己的力量。

企业设立的时候，也要给自己一个志向，一个理由，这也是我前面讲到的初心。所以，现在有很多企业都在讲使命，讲愿景。这并不是务虚不务实，好高骛远，更不是在给员工画大饼。因为没有使命和愿景的企业，走不了太远，而且很容易被风浪掀翻。那么，什么才是能让企业走得远并且能赢得更多同行者的使命和愿景呢？那就是以众人的利益为利益，以众人的幸福为幸福。当所有人都觉得生活中有这个企业，给自己带来了很多便利乃至幸福感的时候，当大家都觉得这个企业对社会有很大的贡献，希望这个企业能够一直存在的时候，它怎么可能没有持续下去的理由呢。

第二节　明识担义做标杆

"识"既指远见卓识，亦指忧患意识。

具备远见卓识的企业家，能够洞察时代的脉搏，把握社会的趋势，预见未来的机遇和挑战。他们既不会被眼前的利益所迷惑，也不会被短期的波动所动摇，而是能以坚定的信念和长远的眼光，制定切实可行的计划和策略，为自己的未来打下坚实的基础。

所谓忧患意识，是指一个人对自己以外，而又与自己有关的人民、社会、国家乃至人类可能遭遇的困境和危难发自内心地关注，甚至"先天下之忧而忧，后天下之乐而乐"，由此被激发出战胜困难、解救危机的勇气和力量。

一个人如果同时具备远见卓识与忧患意识，则既可以把握机会，又可以迎接挑战，并在前进的路上尽可能地规避风险，进而担当更大更多的责任，并将这种精神和品质传承下去，发挥楷模和标杆的作用，广泛而长远地带动与影响更多的人，让他们也能拥有这样的见识，担当更大更多的责任。

一、有识能明世，登山小天下

我们在不断成长与走向成功，并且争取基业长青的过程中，不但要有志向，还要有见识，懂得分辨什么人值得任用，什么人值得追随，什么事值得付出宝贵的时间和精力；对于人和事不要光看表面，也不要凭一时的情绪，要有理性地分辨并做出选择。

有见识的人知道世界需要什么，时代需要什么，因此会发现到处都是商机。为什么大企业家可以把事业做得很大？正是因为大企业家有大见识，他们能从很小的细节中发现商机，知道怎样可以赚钱，也敢于做第一个吃螃蟹的人。有些人或许也能发现一些商机，但他们缺少见识，也缺少执行的能力，所以即便有一点感觉，也不敢贸然投入，或只敢浅尝辄止。有大见识的人不一样，他们能分辨哪些是未来的趋势，因此，哪怕现在会承受很大的损失，他们也会破釜沉舟地投入。等到曾经的趋势成为现实的时候，他们往往已经做好准备，能够顺应时势，乘风而上。

他们更像是理想主义者，但正是这种不容易被人理解，常会遭到嘲讽和遇到挫折的理想主义者，在商业上，获得了别的很多商人无法企及的成功。

曾国藩曾在家书中强调，"凡办大事，以识为主，以才为辅"，他也非常重视见识，认为见识比才干更重要。无论是我前面提到的见识，还是曾国藩强调的见识，都是对世界的洞察，是比学识要高一等的。

刘邦和司马懿都是历史上有远见卓识的人物。刘邦在秦朝灭亡后，看到了一个大一统王朝的未来，并且通过招揽人才、制定正确的策略等行为，最终实现了这个目标。司马懿则在曹魏政权中看到了未来的机会，他通过隐忍和智谋，最终夺取了政权，为晋朝的建立奠定了基础。这些历史人物的成功，都源于他们的远见卓识和对未来的准确判断。

在中国迅速发展日渐进入世界前列的今天，具备远见卓识的企业家们，也在这场时代的浪潮中把握先机，乘风破浪，激流勇进，一往无前。比如华为的任正非，他洞察到通信技术的未来发展趋势，以及核心技术的重要，所以尽管面临困境，但始终专注于通信行业，投入全部精力研发交换机，决定冒险挑战外国品牌在中国通信市场的主导地位。在研发 C&C08 数字程控交换机的过程中，任正非不惜借债，利用个人信誉为项目注入生命。这一突破性成就不仅为华为带来回报，更展示了中国企业在高科技领域的创新能力。华为由此崛起，成为全球通信领域的领军企业。

没有才能不要紧，可以通过学习和训练获得，真正可怕的是没有见识。只要有见识，懂得选择，经过训练就会慢慢地有才能。哪怕最后还是没有才能也不要紧，当个螺丝钉也很好。任何机器都需要螺丝钉，任何事业都有一些工作看起来不那么重要，但同样不可或缺。如果这些工作没有人承担，那些有才能的人就不得不去承担，这时，他们就没有时间做一些更重要的事情了。所以，能够承担看似不重要的工作的人，其实也很重要。但这一切都建立在有见识的基础上，如果没有见识，不管多有才能，都可能做不好选择，就像明明是一匹千里马，却只想在窝里卧着，什么都不想做一样。所以，如果没有见识，不懂选择，再有才能也没有意义。

有些企业非常好，对员工来说，它们都是了不起的平台，大家都能够在这个平台上发挥出自己的才能，那么不论这个工作看似重要与否，最终都能实现自己的大志。但没有见识的人不会这么想，他们会有诸多衡量，如果别人多给他们一点钱，他们就会跳槽，完全不管自己曾经的承诺。可到头来，他们不一定能过上自己期待的生活，有些人的生存反而会越来越艰难。还有一些人更没有见识，他们会利用职务之便，不断地占一些小便宜，最后东窗事发，就再也待不下去了。当然，企业里的员工怎么样，跟企业的风气有很大的关系，一个功利心很重的企业家，招来的员工往往也有很强的功利心，大家之间毫无共同理想可言，不过是在做一笔生意。正如古人所说，"以利相交者，利尽而疏"，因为利益而聚在一起的人，利益消失自然就会分开、疏远。

我认识一个企业家，他的所有员工都在折腾他，都想从他身上得到利益，最后他的企业就垮掉了，所有员工都走了，没有人留在他身边。为什么？正是因为这个企业家没有大见识，功利心太重，招来的也都是一些没有见识和德行的人，这些人不会跟他甘苦与共，也不会全心全意地为他的企业付出。所以，无才不要紧，但不能没有见识，如果没有见识，做不好选择，就什么事都做不成。

有没有见识，对企业家来说是至关重要的，它决定了企业的高度，也决定了企业的寿命。当然，我们每个人也是这样，命运怎么样，人生有何高度，往往都是由见识所决定的，因为，有见识的人才知道事情该怎么做。当然，没有见识的人可以跟有见识的人学习，让自己有见识。有了见识，就知道事情该怎么做了。所以，我们永远都要保持一颗好学的心，永远都要和有见识的人交往，向他们学习，不断让自己变得更有见识。

有一种说法，一个人最常接触的六个人的平均价值，就是他的价值。这个说法很有道理，因为物以类聚人以群分，你经常跟什么样的人在一起，就代表了你是什么样的人。如果你身边缺乏积极进取的人，也缺少具备远见卓识的人，你的人生将变得平平庸庸，黯然失色。所以，不要没有原则、没有选择地与人交往，要交一些值得交的朋友。要知道，我们一辈子可以接触很多人，但熟悉的人不会太多——有人专门做过调查，对大部分人来说，经常保持联系的人都不会超过六十个，而密切联系的人则不会超过十五个。世界虽然很大，但我们能熟知的，也就是跟那十几个人有关的世界而已。此外的世界，我们是通过图书、网络、电影电视等来了解的，如果你有采风、采访的习惯，那么你能认知的世界就会更大，但你最熟悉的还是那十几个人。他们就像人生列车上的列车长、乘警和乘务员，其他人则像乘客，这会儿虽然与你相遇了，但列车到站时就会下车，只有列车长、乘警和乘务员会陪着你，一直到终点。所以，对于生命中最重要的人，要认真选择。

从人的见识就可以看出他境界的高低，就像假如他能俯瞰天下，就说明他已经登上了山顶一样。企业家要具备远见卓识，让自己能像登上山顶时那样，豁然开朗又高瞻远瞩。

二、忧患兴与亡，浩然有担当

中华民族既是一个勤劳善良勇敢智慧的民族，又是一个饱经磨难的民族。几千年中，频繁发生的战乱，反复更迭的王朝兴衰，更加上近代屈辱的历史，让中华民族深感"祸兮福之所倚，福兮祸之所伏""生于忧患，死于安乐""忧劳可以兴国，逸豫可以亡身"。因此我们的文化特别提倡"安而不忘危，存而不忘亡，治而不忘乱"，以便能够时刻保持警觉，能够始终安然、稳健地持续发展。

这是一种深入中国人骨髓的忧患意识，自古至今，它既是中华民族的重要精神特质，更是一种责任，一种担当。事实证明，这份忧患意识是正确的，中华民族经过了几千年的风雨，依然屹立于世界民族之林，在世界的棋局上，执棋者换了一批又一批，只有中华民族还在坚守文明的阵地。

中华文明建立在农业文明的基础之上，先民们在"播种、耕耘、收获"的循环往复中，不得不时刻提防旱涝无常的自然灾害，应对无序的人为灾难。这样的背景下，早期的躲避风险、防患未然早已浸入中国人集体无意识的血液，引发了先贤们对自然、人生、社会关系的整体思考。

中国古人认为，自然有周期的变化，人事也因为天命的变化而有革故鼎新，即所谓的天命靡常，但天道本身是不会变化的。因此，追求以恒常的手段来对抗无常的天命，成为中国人的重要人生命题。忧患意识就这样产生，并且一代代地传承着，时刻叮嘱着每一代人，让所有人即便过着舒适生活，没有任何压力，也要明白世界的变化，明白时代的发展，以更好地服务苍生为出发点，不断地学习和探索。

春秋战国时期，面对错综复杂的社会现实，当时的学者以道、儒、墨、法四家为主要代表，从不同的视角来思索、考察、探究、解决、回答现实问题。诸子百家的争鸣、学术思想的碰撞，皆是为拯救天下苍生开出的良方、交出的答卷，诸子百家的危机感和责任感，共同铸就了春秋战国时期的"忧患意识",为中国文化的璀璨历史,增添了一缕光芒、一份厚重。

忧患意识也是一种"德",它体现为忧心天下的实际行为。战国时期,当屈原看到自己的国家一步步走向灭亡的边缘,遂写下《九歌》,投身汨罗,以自己的方式表达着忠君爱国的浓烈情感,留下了震古烁今的忧国之"德"。北宋时期,岳阳楼被重新修葺,有人请范仲淹作文纪念,范仲淹不假思索地写下"先天下之忧而忧,后天下之乐而乐"的句子,让忧患之"德"惠及天下苍生。到了近代,曾国藩忧君忧民,以一介书生带兵,一心报国;左宗棠就更加直白了,在穷困潦倒时直接喊出"身无半亩,心忧天下",后来为了平定新疆,他甚至带上棺材以明志。

忧患意识,显示出了胸怀、格局、气量,是世代敬仰的价值观。我们在家庭文化和企业文化建设的过程中,一定要倡导这种忧患意识,不要等到事情发生了,问题形成了,再去补救,因为这样往往就太迟了。孟子说"生于忧患,死于安乐",这句话很有道理。如果做人没有忧患意识,就容易被迎面而来的变化打得措手不及,很多人都是这样,最后变得非常狼狈,陷入困境。做企业更是如此。市场环境千变万化,如果不能及时考虑到未来的发展,寻找自己的不足进行弥补,在变化和挑战真正来临时,就会缺乏应对的能力;有时,这种冲击会让企业一蹶不振,甚至彻底被摧毁。

《朱子家训》说:"宜未雨而绸缪,毋临渴而掘井。"事情还没发生时就要做好准备,就像看到阴天就要备好雨伞一样。甚至阳光灿烂时,就要检查屋顶,下雨前补好所有漏洞。企业往往在很成功的时候,会失去警惕,甚至想要一直躺在已经取得的成绩上,这就埋下了衰败的种子。现在的中国企业家中,华为的任正非在这方面做得很好,他每次讲话都不谈华为取得了什么样的成绩,只谈华为面临的困境,还总说"下一个倒下的会不会是华为"这样的话。为什么？因为他明白"月满则亏"的道理，知道福祸的转化就在转瞬之间，只要自己或员工沾沾自喜，华为立刻就会从发展转为衰落，所以没什么好沾沾自喜的。而且，他追求的不是圆满，而是发展，他宁愿一直处于"月亏则盈"的状态，一直生活在危机感里，积极寻找企业的发展空间，积极地创新求变，所以，这么多年来，不管取得怎样的成绩，华为都没有变得懈怠，而是一直都在奋发努力，因此才会有今天这样的成绩。也正是因为任正非一直没有放松，始终生活在强烈的忧患意识之中，华为才可能越来越强大。

所以，任正非对《道德经》的学习是非常成功的，他掌握了《道德经》的精髓，也掌握了中国文化的很多天机，非常了不起。

在传承和实践忧患意识的过程中，我们要意识到"天下兴亡，匹夫有责"。意思是，国家的兴亡跟我们自己有关系。一所大学的校长也说过类似的话，他告诉学生们，世界变坏还是变好，跟我们每个人都有关系，所以，让世界变好，是我们每个人的责任。但现实生活中，很多人都缺少这样的胸怀与担当之心，但凡出了问题，一般都会把责任往别人身上推，觉得什么都跟自己无关，社会上之所以有那么多负面现象，就跟这样的心理有关系。所以，每个人都要胸怀天下，有救世之心，觉得国家的风气跟自己有关，把国家的和谐有序当成自己的责任。

我之所以经常谈到左宗棠，就是因为他是一个有担当的人，早在他没有得到重用，对于朝廷来说什么都不是的时候，他就开始研究一些治国方面非常实用的学问。后来，他给别人当幕僚，整个湖南的生死存亡维系于他一人之身，有人就说"天下不可一日无湖南，湖南不可一日无左宗棠"。这就是担当。正是这份担当，让他在所有人都不看好新疆，李鸿章也说要放弃的时候，仍然力排众议保住了新疆。每次想起左宗棠带着棺材去征西，我都会觉得非常感动。在历史的关键时刻，往往是这样敢于担当、不轻言放弃的人能发挥大用。因此，这些人就成了民族英雄、历史伟人。

有担当的企业家也是这样，他们承受着巨大的压力，也承担着巨大的责任，从本质上说，解决国家的很多实际问题，离不开他们的努力。所以我一向很敬佩优秀企业家。

我们国家有很多企业家都有救世之心，都很优秀，他们做的每一件事都助益了一大批人，让无数人有了就业机会，能养家糊口，也为国家贡献了大量的税收，让国家的经济能够振兴。而他们的每一个选择，也都透露着这样的一份心。比如，他们会遵纪守法，合法缴税，宁愿承担更大的成本，让产品的质量更好，给老百姓提供更好的服务，也不愿为了多赚钱而减少成本投入。面对经济危机的时候，他们也是这样，宁愿自己承担压力，也不愿轻易裁员。这些选择会让他们在短时间内吃亏，但能为他们积累厚德，企业家的德行越厚，企业文化越是能够造福社会和更多的人，企业的路就越是宽广。

优秀的企业家最初创业的时候，或许会以挣钱为目的，但企业发展到一定程度，他们经历了很多的风雨和变迁，也拥有了一定的财富和地位之后，就会发现一切都是虚幻不实、瞬息万变的。

这时，挣钱就不再是他们的目的了，虽然他们仍然在经营着企业，但金钱、地位和名气已经不能满足他们了，他们开始寻找一个不会被无常所摧毁的意义。找到这个意义，他们才会觉得自己值得投入生命；找不到这个意义，他们就会寻找另一种活法。

所以，很多优秀的企业家都有很强的社会责任感，对他们来说，贡献社会既是经营的目的，也是生活方式和生命本能，是自然无为的，不需要刻意督促和约束自己。

同时，他们也用自己的大心与担当影响着身边的人，以自己的言行所承载的思想和文化,影响着时代的文化,这就是标杆与榜样的示范与带动作用。

第三节　诚信和谐达共赢

《素书》云:"夫道、德、仁、义、礼,五者一体也。道者:人之所蹈,使万物不知其所由。德者:人之所得,使万物各德其所欲。"

《中庸》云:"仲尼祖述尧、舜,宪章文、武,上律天时,下袭水土。辟如天地之无不持载,无不覆帱;辟如四时之错行,如日月之代明。万物并育而不相害,道并行而不相悖。小德川流,大德敦化。此天地之所以为大也。"

上述文字基本可以理解为:德就是道在世间现实中的表现与应用,本质上德就表现为天、地、人的"共赢"。

真正的大成功,必然是共赢,尤其在现在这个多平台多渠道多行业共存的时代,人类是一个命运共同体,人类命运是所有人类行为的综合结果,跟所有人都有直接关系。如果不断地斗来斗去,那么势必无法凝聚多方力量,实现个体力量很难达到的目标。因而我们要在诚信与和谐的基础上,追求并达成共赢。

一、立身与做事,诚信为根本

早在我国先秦时期,诚信的观念就已经深入人心并得到充分讨论。

子曰:"人而无信,不知其可也。大车无輗,小车无軏,其何以行之哉?"(《论语·为政篇》)意思是,人如果不讲信义,不知他怎么做人,怎么行走于世间?就像牛车、马车要是没有木销子,还怎么行走,怎么在路上驰骋？孔子用的虽然是反诘语气，但表达的是肯定含义：人不讲信用是绝对不行的。讲求信义，相互信任，可以说是人与人交往的"底线要求"。

人们常用"一诺千金"来衡量"信"的价值，其实，诺言的价值又何止千金？在中国人的观念里，"信"是为人立世的关键，没有信誉的支撑，就没有人格的树立。

对内，民无信不立；对外，国无信不威。这正是《孔子家语》里说的"轻千乘之国，而重一言之信"。

而老子则将诚信视为"赤子之德"。赤子之德最重要的特征就是诚，这个时代最值得强调的也是诚。婴儿面对母亲时的笑容之所以感人，就是因为它渗透了赤诚的真情，不掺假，不造作。这个时代最应该倡导的就是这种品质。道德高尚的人也是这样，最注重的就是诚，如果没有诚，就没有道德高尚一说。诚是一切道德的基础。所以，做人要以诚待人，信守承诺。

天德最重要的标志就是"诚"，春夏秋冬、二十四节气的基础都是诚。老子同样很注重诚，他虽然没有在《道德经》中明说，但《道德经》中的很多内容都渗透了诚的精神。比如，《道德经》中倡导的很多常态性的智慧，都是以诚为基础的，无论和、顺还是无为，都必须首先有诚，因为诚是应对世界的最基本的态度，没有诚，一切的智慧都是空谈。所以，美德以诚为第一，做人一定要诚，社会一定要倡导诚的风气、鼓励诚的行为，经商也一定要诚。

中华民族一直倡导诚的美德，我们对人产生好感的第一个原因，也是对方非常真诚，心中没有阴暗。我们也要这样对待万物，无论是面对他人，还是面对社会、国家和环境，都要像婴儿面对母亲一样，心中没有鬼祟之事，只有一片光明和柔情。所以，做人首先要远离见不得人的东西，远离斤斤计较和蝇营狗苟，心中一有这些东西，就必然不合道，不合德。做人一定要忠诚，要忠诚地对待父母，忠诚地对待朋友，忠诚地对待老师，也要忠诚地对待合作伙伴和领导。总而言之，就是忠诚地对待每一个走入你生命、与你相遇的人，这是道、德、修养最重要的基础。

最好的诚就是婴儿面对母亲时那份灿烂的笑容，无论在做什么事的时候，都要记住那份笑容，记住它给你带来的感动，记住你感受到的美好，这时，你就会不忍心去玷污这种纯真和赤诚。

这个时代太需要这份赤诚了，有诚，很多事情才能有始有终；无诚，社会上所有的道德、文明、秩序都会崩溃。

扶起跌倒的老人，反被告上法庭、勒索赔偿，这多让人痛心？爆出假疫苗的消息，得知自己的孩子可能接种了假疫苗时，又是多么心痛？所以，社会上的很多问题，只要人心当中以"诚"为常，就自然会消失。如果没有诚作为底线，再好的法律也无法阻止人心向恶，做出恶行。

所以，人不能有不诚的行为。一旦有了不诚的行为，并且得到了好处，就容易变成不诚的人，在生命中种下恶的种子，最后，就必然会收获恶的果实，为以往所有的不诚付出代价。一定要记住，古人说"人在做天在看""天网恢恢，疏而不漏""举头三尺有神明"，都是有理由的，很多时候，那神明不仅仅是某种神秘的、肉眼不可见的存在，也是一种诚信精神的关照。

网络上总会出现某企业家出事的新闻，这都是因为诚信出了问题。比如我上面谈到的假疫苗，你想一想，那个企业家费了多少功夫才能把疫苗推出去，让它占据一个巨大的市场？但一经查出是假疫苗，不但这个生意毁了，他别的生意肯定也会毁掉，因为没有人敢相信他。过去一切的生命积累，都被一个不诚信的行为所摧毁，这值得吗？肯定不值得。所以，我们一定要诚信，任何不诚信的事情都不要做。

做人如果足够忠诚，对所有人都像婴儿对母亲那样，做事是必然会成功的，因为，跟你接触的人都会信任你，对你都放心，你怎么可能不成功呢？所以，没有比诚更重要的德行，也没有比诚更好的成功秘诀了。只要你守诚信，重承诺，不作假，就可以坦坦荡荡地活着，什么都不用怕。相反，如果你为了利益而撒谎，那么你只要撒上一个谎，就要撒一百个谎去支撑它，一辈子就要撒无数的谎，不断地撒谎。撒谎撒得多了，你就会越来越假，最后人生大厦彻底崩塌，没有人敢相信你，也没有人知道你到底哪句话是真的，哪句话是假的，哪一次会忠诚，哪一次又会背叛，别人怎么敢跟你合作？你怎么可能成功？所以，哪怕一开始没有那么完美，能力没有那么强，也不能造假，只要用一颗赤子之心去面对世界，面对他人，面对一切，包括恶人和猛兽，同时努力让自己进步，无论在德行上还是在能力上都越来越完善，那么你即便看起来很柔弱，不懂得保护自己，最后也必然能做大。

我见过很多这样的人，他们看起来没有大本事，弱弱的样子，但他们确实成就了大事。为什么？因为他们以"诚"为常，真诚地对待身边的每一个人，掏心掏肺地对别人好。因为这份不作假的好，所以别人信任他，相信他是一个对世界怀有善意的人，也相信他有远大的利众梦想，并且愿意帮助他实现这个梦想。无论是真实的历史人物，还是文学作品中的人物，这样的例子都不在少数。所以，不管修德还是做事，都要真实可信。这是做人最基本的素质。

除此之外，还要以"善"为常——当你对世界没有伤害、攻击、欺骗之心时，世界也不会攻击、伤害、欺骗你。作用力与反作用力永远都是对等的。

直到今天，我一直没有遇到欺骗我的人，"雪粉"们对我都很好，都一直在帮我。我身边的很多"雪粉"都是我的贵人，从一开始认识我，他们就用一颗烂漫的真心对我，从来没有虚伪和作假，让我觉得非常温暖和感恩。为什么？因为我也一直用真心对他们，总是在想怎么帮他们解除烦恼，怎么保存和传播中华文明的精髓。

一些大企业家之所以成功，也是因为人们相信他们的诚信，相信他们不会损伤用户的利益，不会欺骗用户。你让别人产生了这样的信心时，你是不可能不成功的，因为，在琳琅满目的产品中，尤其是涉及金钱交易的产品中，人们只会选择自己最信赖的那一个。一旦用户对你产生了某种坚定的信任，就意味着你的产品对他产生了黏度，即便有很多产品任他选择，他也不会忘掉你。

前段时间我看了一则新闻，说美国可能会抵制微信，于是很多美国企业联名向白宫抗议，说这一定会损害美国企业的利益，尤其是美国企业在中国的那部分利益。是不是这样？肯定是。在苹果手机和微信之间，中国人很可能会为了微信放弃苹果手机，而不会为了苹果手机放弃微信。一来是因为使用习惯和好感度，另一方面也是因为它涉及很多层关系，根本斩不断。比如，自己的亲人用的是微信，朋友用的也是微信，客户、同学等与自己有各种关系的人，用的都是微信，他们不可能为了你去使用另一种即时通信软件，所以你离不开微信。

任何产品都是这样，得到世界和环境的认可，与生活发生密不可分的关系时，它就有了一种几乎不可撼动的地位，除非它自己犯错，比如爆出了诚信丑闻，并且被证实是真事。换句话说，它们的敌人只有自己，很难有外部力量能打垮它们——除非，另一个新的科技时代来临，而它没有跟上时代的步伐。但即便这样，对一种产品的信任、习惯和情感，还是有可能让人们对它念念不忘。

比如诺基亚手机，它曾经是市场占有率最高的手机之一，但随着智能手机时代的来临，它几乎被世界遗忘了。可它仍然在生产，也仍然有一部分用户会用它。为什么？一方面，因为它的目标用户很明确，就是那些注重传统功能，对新功能没什么需求的用户，主要是一些老年用户，他们不太会使用智能手机的各种高科技功能，只需要打电话、发短信；还有一些特殊用户，不需要频繁地用手机上网，所以更青睐传统手机。另一方面，就是诺基亚自创立以来，始终将正直、诚信作为其核心价值观之一，遵循"客户满意"的价值理念，它生产的手机的质量非常好，比如电池很耐用，手机也很耐摔，价格又便宜。这都是用户信任这个品牌的原因。所以，即使市场上充斥着各种智能手机，广受用户喜爱的，往往是其他品牌的，诺基亚也仍然没有从手机市场上消失。

但我们还要注意一点，人们使用某些品牌的手机，除了对产品本身的兴趣和认可之外，更多的是对其品牌文化的好感。比如华为，它的奋斗经历，会让人把这家企业的精神和我们民族的精神关联在一起，因为它和国家一起面对外部的各种压力，政治的、经济的、科技的，各方面压力，并且没有屈服于打压和排挤，反而以自主发展的高科技成果赢得了很多胜利。这时候，它就不仅仅是中国的一家企业了，无形中它还被赋予了代表中华民族企业精神的形象。这让它的企业文化赢得了很多国人的认可与共鸣。

在这方面，诺基亚显然要弱很多，我们除了熟知诺基亚对质量的注重之外，几乎想不出，它的品牌文化还有什么内容。这里有两种可能：一是它没有建立厚重的、大格局的企业文化；二是虽然它建立了，但因为缺乏跟外界的沟通，人们不知道，更谈不上对其企业文化的认可和喜欢。可即便这样，在风起云涌的手机市场上，这款略显过时的手机，还是会因为"诚信"两个字，拥有自己的立足之地。可见"诚信"有多重要。

人们常说"天道酬勤",其实"天道"也"酬信"——付出诚信,一定能收获信誉。以诚信为基础的成功才是真正的、长久的成功。

二、德行润万物,和合成一味

我们常说,上天有好生之德,好生之德是什么?就是仁善。证得大道之后,就要有仁善的德行,对待万事万物都不能失掉仁善之心。

在中国文化中,天和地是两个非常重要的意象。《易经》中说:"天行健,君子以自强不息;地势坤,君子以厚德载物。"我特别喜欢这句话,尤其喜欢"厚德载物",但我还想在后面加上两个字,就是"务实",厚德务实。厚德不但能载物,厚德之人还会非常务实,因为他经历了无数的历练,磨去了所有的火气,欲望看破了,成见破除了,生命中只剩最淳朴的底色。但他依然是积极的,因为他知道方向,也知道该怎样到那个地方。于是他不再咋咋呼呼,只管平平淡淡地走路,将所有凄美都化为台灯前的昏黄。

我也是这样。最早的时候,我经常在早上起床时给儿子发一条短信:"海纳百川,厚德务实。"这是我自己的生活方式,也是我对他的一种期望。我就是通过类似的方法,一点一点地建立家庭文化,一点一点地熏染他。许多年后,在这种文化的熏陶下,他水到渠成地成为一个仁厚之人。后来,我的学生们也喜欢这句话,于是他们也把这句话当成了自己的座右铭。我相信,若干年后,他们也会像这句话中所说的那样,海纳百川,厚德务实——当然,他们之中有很多人已经做到了,他们都为文化传播做出了贡献,他们都是海纳百川、厚德务实之人。

岭南文化和西部文化同样如此,它们倡导的都是海纳百川、厚德务实。因为岭南的海纳百川,我和我的团队才能在这块土地上做了那么多事;也是因为这块土地的厚德务实,我和我的团队才能在这里得到那么多的便利和支持。西部文化同样如此，比如凉州文化、张掖文化，它们都很好，都包容了各地的文化，也都从各地文化中汲取了营养。这是河西文化的一大特点。

西部文化吸纳了世界上几乎所有的先进文化，如果没有河西文化，就没有敦煌学。没有敦煌学，中华文化的壮美与博大靠什么来呈现呢？西部文化中，对世界影响最大的就是敦煌学，那真是一个博大的宝库，也是我们河西文化永远值得自豪的一个地标。真正的敦煌学，是一种包含了凉州文化、甘州文化、酒泉文化等诸多河西文化的大文化，它承载着中华文化中非常重要的元素，现在所知的中华文化元素中，有很多已经在别处消失了，学者之所以能发现它们，正是因为对敦煌学的研究。敦煌学就像保险箱一样，把很多优秀的中华文化元素保存了下来，让它们能继续为人类提供精神滋养，这也是"德行润万物"。

我们要效仿天，学习天德。即便做了好事，帮助了别人，做出了贡献，也不要沾沾自喜，更不要四处表功。注意，这是我们追求的德行之一，也是我经常强调的一种德行。我常说，太阳普照万物，却从不觉得自己做了多么了不起的事情，也不觉得自己有多重要，这就是天德。我们也要这样，永远不要居功；一旦居功，就会自我膨胀，如果得不到相应的赏识和回报，内心就会产生不满，甚至愤怒和仇恨。这不但会损伤自己的德行，让自己堕落，还会给身边的环境带来一种负面的能量，这样就把你做过的好事给抵消了。假如你不居功，只是随缘地做事，觉得这是自己的本分，你就能在做事的过程中完善自己，为生命增添精彩的内容，让自己的存在更有价值。所以，人的德行和价值永远取决于自己的行为，也就是自己做过的事、说过的话。要记住这一点，时时自省。

要知道，只要能变成天那样的存在，能够化解别人的烦恼，化解世上的纷争，却又不居功不自傲，还能积极地做事，这本身就已经很幸福了。而这个过程，本身就是在稳固你的境界，增长你的德行，让你越来越接近自己所向往的样子。

很多时候，你看起来是在帮助别人，其实是在成就自己，因为你做的事情越多，成长就越快，对社会的贡献也越大，你的价值就会越大。

如果我们每个人都能"德行润万物"，并且推己及人，以诚相待，接下来就会实现和，也就是和谐、和平、和顺。

老祖宗用"中"来代表这种状态，认为它是生命的一种平衡感，也是生命的一种和谐感。生命的平衡感是天下之根本，生命的和谐感是天下之至理，两者都不能被破坏。只要能保持生命的平衡感与和谐感，天地就能各居其位，万物就能自然运作，按照各自的规律生发和衰亡。这里也是在强调老子所说的"道法自然"。

个体生命的道法自然，就是安住于初心；企业、社会和国家的道法自然，就是和，它是一种浑然天成的整体的美，其中虽然包含了各种不同的存在，但彼此能达成平衡，一切运作都不会伤害内循环的和谐性，所以各自的美都会加倍。用老子的话说，就是"和之至也"，亦即"共赢"。

老祖宗说"和气生财"，从字面上理解，就是和悦的态度，包括言辞、表情以及服务行为，能够为企业吸引更多的客户，带来更多的收益。即便仅仅做到这字面上的和气，就已经很好了。当然，"和气"还有更深层面的内涵，它是一种由诸多因素共同作用而生成的氛围感，或者说是一种能量场，不仅是指态度和悦，服务和悦，更在于企业文化的和谐。我们也承认，"有人的地方就有江湖""商场如战场"，无论是在企业内部，还是在企业外部，都有无数的纷争和不和谐的因素，但建立一种和谐的文化氛围，是完全可能的，也是企业需要努力去做到的。

和谐的企业文化，基础就是大家都认可的共同目标和共同价值观。所谓"和而不同"，意思是，我们可以有许多的"不同"，如不同的观点和意见，不同的个性和特点，不同的思维方式和工作方式，等等，但我们要有一个共同的理想和奋斗目标，有共同的价值观。有了它们，无论有多少细节上的不同，我们都能够在一起做事，都能形成和谐的文化氛围，这就叫共识。一个企业如此，一个国家也如此，整个世界亦如此。这才是"和气生财"。而且，和气不仅能生财，还能生出很多美好的东西，能让大家都发挥自己的价值，都能得到提升。

这个世界是多元化的，人类面临着多方面的挑战，如世界上的诸多战争、疾病、自然灾害，以及我们未认知的领域。我们需要和而不同，精诚合作，共同面对，才能在这个时代，乃至未来的时代实现共赢。

第三章
法——企业不败之地

上士闻道，勤而行之；中士闻道，若存若亡；下士闻道，大笑之。不笑不足以为道。

——《道德经》第四十一章

善建者不拔，善抱者不脱。子孙以祭祀不辍。修之身，其德乃真；修之家，其德乃余；修之乡，其德乃长；修之邦，其德乃丰；修之天下，其德乃普。

——《道德经》第五十四章

第三章 法——企业不败之地

有人说，老子在《道德经》里主要讲了"道"和"德"，没有讲到"法、术、势"。讲"法、术、势"的是谁呢？是法家。如果只从文字上来看，似乎是这样的，老子并没有把自己降维到法、术、势的层面，直白地讲用什么规则、方法、谋略和技巧。但实际上，老子是讲了"法、术、势"的，但是他是从道的层面去讲的。例如，"反者道之动，弱者道之用"，是不是一种规则？当然是。"将欲取之，必固予之"，是不是一种术？当然是。"鱼不可脱于渊，国之利器不可以示人"，是不是一种势呢？当然也是。但不要把老子讲的规则、术、势，浅显地理解为一般的"法、术、势"，《道德经》中，我们能看到的所有带有"法、术、势"味道的内容，都是在道和德的统领下的妙用，绝对不会脱离道的本体智慧，更不会背离德的精神。

法无定法，乃为至法。只有在道和德的统领下，这句话才成立，才有正面的效用。否则，它就有可能成为某些人反复无常、不择手段的借口了。如果说企业之道是企业的根本，企业之德是企业的底蕴，那么企业之法，就是企业的战略，是企业发展之路的总纲领和总方针。

无论是个人，还是企业，前行之路无非两种状态，进和退，想停止不动都很难，或者不进则退，或者以退为进。这两种状态在"法"层面，体现为攻和守。所谓"进可攻，退可守"，我们不要小看这种境界，如果一个人或者一家企业，能在复杂的变化中，做到"进可攻，退可守"，他/它就已经立于不败之地了。说到不败，很多人似乎觉得不败比不上胜利。但如果了解《孙子兵法》，我们就会明白，求胜往往不能胜，而求不败却反而能胜。

那么，企业如何才能立于不败之地呢？什么才是企业真正的"进可攻，退可守"的保障呢？大多数企业从来没有好好想过这个问题，或者想了，但是大都把答案建立在金钱上。认为只要有足够的资金，就可以了。不少企业确实败在资金问题上，但也有很多企业败在非资金问题上，钱还在，人没了，或者队伍散了，这种事比比皆是。

2010年5月，浙江大学为企业家们办过一个总裁班，我受邀去为企业家们讲课。当时，很多企业家都非常关心两个问题：第一个问题是"中国为什么没有百年企业"，第二个问题是"什么原因造成了'富不过三代'"。当然，这两个问题本质上是同一个问题：财富和事业为什么不能长久地传承下去？在那次讲座中，我作了回答，很多企业家都说自己非常受益。后来，我在《老子的心事：雪煮〈道德经〉》中，对此进行了系统的研究。

实际上，这也是我一直思考的问题，因为它不只发生在中国，也不只发生在现代，世界各地都有这样的现象，千年来就是如此。每一家企业做大之后，都要面临传承问题，每一个有所成就的家族也是如此，很多时候都是祖辈创业成功了，有了很好的事业和财富，但随着祖辈的死去，后人不能很好地承接这一切，于是事业和财富都开始走下坡路，最后一点点给败光了。

他们为什么不能将这一切可持续发展下去？固然有人性和能力的原因，比如人性中的"由奢入俭难"，比如能力上无法复制祖辈开创者，等等，但更多的是，他们缺乏能让企业或家族能攻能守的"资本"——文化和人才。文化和人才其实是一体两面，文化需要人才作为载体才能传承下去，人才需要有文化底蕴才能发挥能力和才干，二者彼此相依，不可分割。

现在，我们拿着这两条，去对照历史上的那些传承不下去的企业、家族、宗派、王朝，看看是不是这个根本原因？没文化的暴发户，很容易"富不过三代",有的到第二代就败掉了;没人才,后继无人,再好的文化、再强大的王朝,也会湮没于历史的尘埃。反过来讲,只要有文化、有人才,就能最大可能地避免这个祸患,立于不败之地。

所以,对于企业来说,最好的"法",就是建立好文化,培养好人才,让自己有进可攻退可守、立于不败之地的保障。这份智慧,《道德经》中就有。

——

第一节　文化为灵魂,筑传承之基

老子说:"善建者不拔,善抱者不脱。"从字面上看,老子讲的"善建者"和"善抱者"是个体的人,其实也可以是管理者、领导者、企业、民族和国家。而这个"善",除了善于建立、善于抱守,也有善于明确方向的意思。

这里的方向,指的是自己要建立什么,又该抱守什么,这一点很重要。因为,它决定了人和群体该朝哪个方向发力。如果不能清楚地回答这两个问题,也不知道自己想建立一座怎样的大厦,人和群体的行为就会非常盲目。就像打仗时看不见敌人在哪里,也不知道敌人是谁,只能东一枪西一枪地乱打,损耗无数的子弹、情绪和时间。

所以,我们接下来就谈谈,该建设什么、抱守什么,又该怎么建设、怎么抱守。

一、建智慧文化，外界无能摧

老子说"善建者不拔"，"善建者"就是善于建树和建设的人，不拔就是不动摇，别人拿你不走、搬你不开、摧你不毁，才叫不拔。完整地说，就是一个人如果善于建树和建设，他建立的东西就不会被别人撼动或摧毁。

我常说，"建"有两种层次，一种是建立有形之物，另一种是建立无形之物。我们知道，古代一些帝王倾尽人力、物力、财力建造的那些气势恢宏的豪华宫殿，大多已在岁月的侵蚀、战火的洗礼以及历史的变迁中渐渐消逝了。所以，有形之物不管建得多好，都不可能真正属于你。紫禁城也是这样——当然，紫禁城至今仍在，也依然雄伟壮观，但它最初的主人早就不在了，它已经换过了好多个主人。对于它的每一个主人来说，它都不是永恒的。

老子所说的善建，指的也不是建立有形之物，而是建立无形之物。企业的无形之物，就是企业文化，企业文化没有具体的形态，可以超越组织架构，渗透在企业的方方面面，渗透在每一个员工的心中，影响他们的心态和行为，从而影响他们的选择，影响他们的工作效果，进而影响整个企业。如果一家企业建立了很好的企业文化，它就会拥有很强的凝聚力和竞争力，而且这种力量是可以传承的。因为，对手可以夺走你的产品，夺走你的设计，夺走你的建筑和财富，却不可能夺走你的文化——当然，对方可以通过干扰你、同化你，改变你的文化，比如通过文化和思想渗透，让你接受对方的文化和思想，等等。但真正改变你的文化的，并不是你的对手，而是你自己，是你自己没守住，才会被对方改变。

所以，一般的、形而下层面的文化，是很容易被动摇的，今天建立了，明天可能就塌了；能够真正被建立的，只有智慧文化。

因为，智慧文化一旦被建立，人就会产生定见，清清楚楚地明白自己想要什么，想过什么样的生活，可以舍弃什么，也能控制自己的行为和选择。如果不能达到这一步，就算不上老子所说的"善建者"；反之，如果达到了这一步，拥有了定见和控制行为的能力，世界的变化就不会再干扰你了。所以，真正的善建，是启动智慧，用智慧文化来真正地影响生命，无论是个人还是企业，都是如此。因为企业就是无数的个人，社会也是无数的个人，民族、国家也都是这样。

"善抱者不脱"和"子孙以祭祀不辍"，也代表了一种永恒。而这种永恒，跟一般意义上的永恒——即不变——不一样，它是通过传承来实现的。其中，"善抱者不脱"是拥有的永恒，如果一个人善于抱守，别人就抢不走他的东西。"子孙以祭祀不辍"是家族的永恒——注意，子子孙孙都为你祭祀，说明你的家族会源远流长，也说明你的家族已经富过了三代。而之所以你的家族能富过三代，就是因为"善建者不拔"和"善抱者不脱"。这是《道德经》中非常重要的两个信息。

最早的时候，外国也没有百年企业，因为他们也是"富不过三代"的，最多是老子创业，儿子守业，到了孙子那一代就败掉了。那么，为什么后来有些国家有了百年企业？因为很多企业家都想知道"富不过三代"的原因，很多科学家也想知道原因，于是他们就开始立项调研。经过大量的调查分析之后，他们得出了一个结论：第一，必须建立家庭文化和企业文化，而且必须是自己独有的大格局的文化。一旦建立起这种文化，企业也好，家庭也好，就有了存在的理由，别人打不倒，自己也不会破裂。第二，要用比积累财富更快的速度，把自己得到的财富回馈给社会。这个结果被公布之后，外国的很多企业都立刻照做，久而久之，就出现了很多百年企业和百年家族。

2015年5月我们去美国考察时，就接触了几个大家族，这些家族影响着整个美国，也影响着世界。有一件事，我们要知道，在美国，最有权力的其实不是总统，而是几个大家族，它们都是有着上百年历史的大财团。还有一件事，我们也要知道，那就是西方的天主教很厉害，它有自己的文化，这种文化可以影响整个社会，所以修一座教堂可以修上几百年，一代人没有修完，下一代人就会接着修下去。注意，他们修的都不只是建筑或圣像等有形的东西，更是无形的文化。这也是老子所说的"善建者不拔"——在心中建立一种足以成为信仰的文化之后，心就不会再动摇了，于是，他们就可以坚定不移地把一个东西守候一辈子。如果每一代人都可以把这个东西守候一辈子，这个东西也就永恒了。所以，有了真正的企业文化、家族文化之后，西方就出现了很多百年企业、百年家族。

"善抱者不脱"也是这个意思。美国的财富，绝大部分都掌握在几个家族手中，整个西方世界几乎都是这样。比如，美国政府没有发行货币的权力，货币是由"银行家"①来发行的。为什么？因为那些银行家们掌握了美国的很多财富，就连政府也要向他们借钱，并且向他们支付利息。美国的国债就是这样。每年，美国政府都会做出下一年的预算，然后发行国债，用国债作为抵押，向银行家们借钱。从这个角度看，真正决定西方世界是和平还是战争，其实不是美国政府，而是那些银行家们。

注意，这其实也属于"善抱者不脱"，因为那些银行家们善于守住自己的文化，不让任何外界的力量动摇他们的文化，这就是"善抱者"。任何人都是这样，如果他承载的文化足够坚定，甚至上升到信仰的程度，就没有人能摧毁他，哪怕遇到挫折、打击甚至磨难，他也能很快地

---

① 这里的"银行家"指的是美国联邦储备系统，即美联储，其是美国的一家私有中央银行。

站起来。

很多人都看过《肖申克的救赎》，那部电影的男主角就是个银行家，他非常厉害，即使被诬陷而关进大牢，他也能想到逃出大牢、开始新生活的方法，还能成功。为什么？正是因为他有智慧——也可以说是有文化——只要有智慧，遇到任何事情，他都会知道该如何处理，所以，他几乎不可能走上绝路。"善抱者"就是这样。

你想一想，谁能把肯德基、麦当劳、星巴克摧毁？没有人，就算说有，也只是他们自己。因为他们有一种不断完善自己、全力为顾客服务的文化，无论时代如何变化，无论环境如何变化，他们都会顺应时势，做最好的自己。因为这种文化，他们的门店几乎遍布整个世界，几乎是有人的地方就有他们。你或许可以摧毁他们的几个门店，但只要他们的文化还在，他们的"伤口"就会很快复原，一旦条件重新具足，他们就能把关闭的门店再开起来。因此，他们几乎不可能被任何外力所摧毁。唯一会对他们构成威胁的，只有他们自己。假如他们不再成长，或者不再顺应时势，就会开始倒退、衰落，最后不战而败。很多企业或家族之所以会失败，真正的原因不在外面，多数都在他们自己身上。只有自己看不清方向，或者即便知道方向，也懒得去努力的个体或群体，才会真正被打倒。反过来说，就算个体或群体被打倒，甚至一家企业已经倒闭，只要能反省自己，看清方向，开始努力，还是可以重新站起来的。

我们知道有很多这样的例子，最典型的就是褚时健。褚时健在七十一岁时，被判了无期徒刑，后来因为糖尿病保外就医，租下了一个山头，跟妻子和团队一起开发种植新品种的橙子。再后来，他因为表现良好，不断减刑，无期徒刑变成了十二年有期徒刑，八十多岁刑满释放。于是他通过电商卖橙子，重新积累了财富，创建了公司，也带动了当地的经济，2014年还荣获人民网主办的人民企业社会责任奖特别致敬人物奖。为什么？因为他有担当，能忏悔错误，还能在重病缠身的暮年，重新为社会创造价值。这份对生命和社会责任的敬畏与珍惜，以及永不言弃的精神，鼓舞了很多企业家。但这只是他的一种拼搏精神，并没有形成一种文化，更没有形成一种可以传承的、大格局的、能够滋养心灵、改变生命本质的企业文化、家族文化。所以，他去世后不久，儿子女儿就开始注销清算公司。

文化的格局非常重要，企业文化有着怎样的格局，企业家个人有着怎样的格局，会直接决定企业的选择，也会直接决定企业的命运。

中华优秀文明的本质，就是个体生命知道如何完成自己，如何照亮心灵，如何开启智慧，然后把这种思想和生活方式传递出去，让别人也知道，也能完成自己，照亮心灵，开启智慧。当别人也照做，也得到了滋养，改变了自己，感受到中华文明的力量之后，再把自己学到的东西传递下去，这种文化就拥有了可以传承的生命力。

企业文化和家族文化也是这样，不仅能让自己打开人生格局，走出人生困境，积极主动地创造人生，从容智慧地面对变局，还能造福用户，奉献社会，然后用这种思想和生活影响企业里的人、家族里的人，让世世代代的员工和家人这样活，企业和家族就能"祭祀不辍"，绵延久远，甚至也能让更多的人和家庭、企业"祭祀不辍"。

孔子的家族就是这样。孔子创立的文化影响了中国两千多年，至今还在为中华民族提供营养，他的家族如果能继承这种品德和格局，继续奉献社会，传承和传播优秀文明，定然还会有更加长久的寿命。民族和国家同样如此。

所以，善建的本质，就是打破自己的局限，把道的精神活出来，用合道的活法，去点亮更多的人，让这种活法形成一种可以表达，也可以效仿和实践的文化。

二、守文化精神，传承可久远

迪士尼的成功也在于它建立的文化。《猫和老鼠》的故事被拍成动画片之后，迪士尼很快就变成了一个风靡世界的品牌。所有卖玩具的人，只要用到迪士尼的名字或形象，就要付很多版权费给迪士尼，否则就构成了侵权，但即便如此，也还是会有很多商家付费使用迪士尼的名字或形象。为什么？因为迪士尼能给人带来快乐，尤其是给小孩子带来快乐。小孩子看到迪士尼的形象，或是看到迪士尼的名字和标志时，就会想起看迪士尼动画片时的快乐，然后觉得很开心，对相关的产品也会产生好感和兴趣。

真正的品牌，就是一种文化，你被某个品牌吸引的时候，实际上就是接纳并认可了它的文化。迪士尼品牌的文化核心是童心、乐观和家庭，这样的文化是普罗大众都喜欢的，小孩子喜欢，大人也喜欢。迪士尼的电影，走的也是这个路子，浅显直白、直击人心。换句话说，迪士尼的所有产品都在强化着品牌形象，诠释着品牌内涵，从而传达着自己的企业文化。人们在享用它的产品时，也在接受一种文化的熏陶，慢慢地，这种文化就会改变自己的某种观念，而随着这种改变的产生，这个品牌就会在自己的生命中占据一个位置，这时，它就不那么容易被取代了。注意，这种企业，就是我们所说的"善抱者""善建者"。

相反，中国有不少企业主挣钱非常辛苦，尤其是从事制造加工业的那些小工厂主，他们的工作几乎是最繁重的，因为他们的企业随时有可能被替代，为了不被替代，他们要付出比别人更多的努力。可一旦特殊时期来临，比如新科技出现，别人可能只是动一动小指头，他们所建立的一切，就会瞬息间土崩瓦解。所以，很多企业主都很可怜——尤其是那些付出了辛勤劳动，却还是在风暴中倒闭的中小企业主，他们如果能好好地学一学《道德经》，尝试把老子的智慧用起来，尤其是把善建的智慧用起来，他们的命运就会不一样。而现在，他们因为没有真正的核心竞争力——具有独特价值的文化，不得不活在大环境的牵制之中，随时有可能受到巨大的冲击。就算企业没有在冲击中倒闭，企业家的生存质量也不会太高。据说新冠疫情时期，许多企业家都陷入了心灵危机，活得非常痛苦。所以，中国企业家尤其需要学习《道德经》，学习如何成为"善建者"，如何建立具有独特价值的企业文化。

企业家一定要重视企业文化建设。企业文化就是企业的灵魂，企业没有文化，就像一个人没有灵魂。一个没有灵魂的人，跟千千万万的人没有任何区别，他随时都会被世界所遗忘，他的存在也随时都会被摧毁。企业同样如此。没有文化的企业，不可能拥有坚不可摧的存在价值，因为世界没有不忽略它的理由，这时，这个企业几乎不可能做得很大，也不可能走得很远。

目前，很多中国企业的文化建设还有待加强。为什么经济环境受到影响之后，中国有大批的企业倒闭？就是因为缺乏文化。行业同样如此，尤其在人工智能发展成熟之后。所以，无论是个人、群体、行业还是民族，都要找到自己存在的理由，这个理由既可以说是一种文化，也可以说是一种价值，而这种价值，就是依托文化来实现的。

我们的老祖宗留下了很多非常优秀的文化，包括《道德经》所承载的文化。《道德经》的影响力太大了，据说它的发行总量一度超过了《圣经》（这个说法是真是假我们不做评论，但《道德经》的发行总量一定很大，因为它的译本种类很多，解读本的种类也很多）。这么好的文化，却被大部分中国企业家视而不见——有时也不是视而不见，只是他们没有读懂《道德经》，不知道《道德经》跟自己有什么关系，怎样才能借助《道德经》的智慧来建立企业文化，甚至不知道企业文化的重要性，他们总是觉得自己太忙了，"没有工夫搞这些东西"。类似的思想，在中国非常普遍,中国很多企业之所以没能走得远,就跟这种思想有关系。

西方成功大企业的聪明之处,就在于他们没有类似的成见,他们一旦知道成功的秘密,就会立刻把它给用起来。比如,他们会把基督教文化融入企业经营,让企业内部和产品理念焕发出一种不一样的气息。好莱坞的电影就是这样,它们非常商业化,作为艺术来说,价值也许不算太高,但它们对文化理念的输出是非常成功的,因为它们非常直白,浅显易懂,冲击力和感染力又很强,容易给人留下非常深刻的印象。

圣诞节也是西方的一种文化输出,因为圣诞节是耶稣的生日,它本身就是基督教文化的一部分。西方人敏锐地把它融入了商业经营,并且制造了一系列的故事、一系列的事件、一系列的产品,然后将其推向中国。于是,不少中国人被它吸引了,不管信不信仰基督教,他们都愿意过圣诞节,也愿意为圣诞节花钱,甚至有很多不信基督教的人,曾把在教堂举办婚礼当成一种梦想。可见,西方企业的文化输出非常成功,它已经影响有些中国人的日常生活了。

曾经乃至现在,国内不少年轻人喜欢吃西式快餐,喜欢到星巴克去喝咖啡聊天,也喜欢过圣诞节、愚人节和情人节等,但他们之中很少有人知道老子、孔子的生日是哪一天。换言之,西方文化已经改变了一些中国人的生活方式,中国的企业对中华文化的传播力也不够强,甚至有的企业缺乏传承性。

令人感觉到有希望的是,越来越多的中国人和中国企业家意识到了这一点,开始重视我们的传统文化,从传统文化汲取营养并且通过各种方式向海外传播。很多年轻人在这方面做得很好,有传播我们的服饰文化的,有传播我们的武术文化的,有传播我们的美食文化的,还有传播我们的很多民间文化遗产的。借助着 TikTok 这种类型的平台，以及国内开放性的旅游政策等，越来越多的外国人爱上了中国文化，越来越多的中国文化在海外传播，甚至流行。

这是一个非常好的势头。我们的企业向外走的也越来越多，知道要想让自己能够持续存在，并且一直传承下来，就要建立自己独特的智慧文化，有我们文明特色和根基的文化，在传播文化和影响世界的过程中，也让自己能够不断发展和传承。

第二节　制度是保障，文化不走样

一、建文化机制，成生命程序

好的企业文化打着企业独有的烙印，会被员工一代又一代地传承下去，而企业也会随之得到长生。

西方有很多奢侈品牌，它们之所以在我国市场上流行并赚了很多钱，很大程度上是"利用"人们的虚荣心和欲望。看到有些年轻人宁愿"吃土"，也要买个名牌包包时，我们的心情会很复杂。一方面固然觉得不值得，另一方面也要想一想，为什么他们要去做这么明显不值得的事情？除了虚荣心之外，西方企业的品牌文化，有没有一些值得我们注意和借鉴的东西呢？奢侈高级的是产品本身，还是产品背后的理念文化呢？除了用心做产品质量，那些品牌企业更注重的是"人设"——让顾客一想到这个企业和品牌，就能联想到的名词。比如，某些奢侈品与优雅、时尚、高贵、个性等挂钩，能满足普通人在普通的人生中，很难得到的心理体验的需求。有了这些品牌标签和使用体验，他们会觉得自己有超出一般人的价值。归根到底，人类所有的需求和欲望，最后都指向一点：要觉得自己有价值，要发挥出自己的价值。很多人还要让所有人看到自己的价值，认可自己的价值。这就是人性。

西方的很多百年老店，都是依靠这种思路发展起来、实现长生的。所以，企业家在经营企业的过程中，要格外注重三个问题：一是世界的需要，也就是多问问世界需要什么，自己能不能满足世界的需要；二是产品或服务的含金量，也就是时刻叩问自己，看看自己做得够不够好，有没有做到极致，能不能赢得客户的信赖和依赖；三是不停地复制，让企业快速发展，迅速扩大规模。这是世界的潮流，所有跨国企业都是靠文化赚钱的。所以，我们一定要有这样的理念和眼光。

文化太重要了，你可以夺走一切，甚至把人的生命都给夺走，但你夺不走真正的文化。你想一想，中国历史上出了那么多伟大人物，他们都对中华民族产生了很大的影响，但他们的去世并没有给中华民族带来什么伤害，国家和民族仍然延续，甚至发展得越来越好。为什么？因为文化和体制已经建立了，不管谁不在了，换掉了谁，体制和文化都会非常稳定，历史的车轮也会稳步向前，不会因为某人的离去而停滞不前。民族和国家是这样，企业也是这样。所以，企业建设要以文化为核心，建立能脱离具体的人而运行的体制，建立到一定的时候，企业家就能把手机关掉，到一个地方去休息，且不被公司的人和事打搅了。

上次我去北美，美国的一个企业家陪了我两个月，全程为我开车，带着我考察了加拿大和美国的很多地方。整个旅途中，一直没有员工打电话找他，他也没有打电话给哪个员工安排过工作。这让我非常惊讶，因为，他毕竟是一家跨国公司的 CEO，事务应该非常繁忙才对。但转念一想，我也就不觉得奇怪了——他的公司有一套非常成熟的运作机制，即使 CEO 不在，员工也能顺利地完成一切事务，CEO 不需要操心公司的事情。能把公司治理到这个程度，真的不简单。

企业要想传承下去，一定要建立这样的文化机制，这种机制会为企业提供大量的人才，任何职位出现空缺，都有人可以迅速地补上。这样一来，无论发生什么样的变故，企业都能正常经营下去。这也是文化的力量之一。

我常说，文化就是人的生命程序，你一旦把文化植入人的生命，让它变成人的生命程序，人就会按照文化中倡导的那样生活和工作。比如，如果每个人都安装了乔布斯的生命程序，那么苹果就算失去乔布斯，也不会受到任何影响，因为一个乔布斯倒下了，会有千千万万个乔布斯站起来——开个玩笑。不过，从本质上说，做企业需要充足的人才储备，这是企业生存的关键所在，也是现代企业的发展趋势，现在的企业家必须走这个路子。

但现在，不少企业家在文化建设方面着力不多，总觉得日常工作已经很忙了，还要去建设文化，实在分身无"暇"。如果有这种想法，就说明这些企业家对文化的重要性还没有清楚的认知，对文化也还不够了解，如果是这样，企业文化建设就成了一句空话，起不了真正的作用。因为，真正的文化建设，必须从自己心里开始，是自己从内心深处认可一种理念，并按照这种理念去生活，去工作，去选择，这时，你才可能感受到这种理念的力量。

所以，建设企业文化之前，首先，企业家必须找到自己发自内心认可的文化，然后扎扎实实地实践，让文化的力量在自己的生命中发酵。有的企业家信奉"狼性"文化，他的企业就会特别有拼劲，战斗力很强。有的企业家信奉儒家文化，他的企业在秩序伦理方面，就会比较优秀，井井有条，有礼有节，发展的步子也会比较稳。有的企业家信奉老子的思想和智慧，他的企业就会有种"无为无不为"的味道，比如领导层会放权，员工自主度较高，内部等级不那么森严，企业创造力会比较强。建设企业文化,到底应该选哪一种,并没有标准答案;唯一的标准,是合道,合道才能利己利人,才能长存。

其次,建立一种学习和培训的机制,企业家跟员工们一起学习和实践这种文化,跟员工们一起成长。具体地说,可以在企业中建立专门的培训机构,同时让每个分公司、每个小团队都变成一个培训基地,不断地进行各种培训。而这些培训的内在核心,就是企业家所选择的文化,包括技能培训,也不能远离这个精神核心。比如,在培训技能的时候,永远要从服务他人的角度出发,而不能从攫取利益的角度出发,这就是文化在细节上的显现,也是老子所说的德。这样的细节,我无法尽数,只能由大家自己在实践中发现。所以,希望大家能好好地实践,让自己拥有一份发现的快乐和幸福。

一定要明白,要想让企业长久地发展,企业家必须做到这一点,这是企业文化建设的第一步。按老子的说法,就是先从自身做起,由自己来观照他人,影响他人,然后由自己的家庭辐射至其他的家庭,由自己的小团队辐射至其他的小团队,由自己的国家辐射至其他的国家。永远要记住,建设好自己,让自己变成太阳,才可能照亮他人。

二、建企业风气,从点滴入手

什么是企业风气?企业成员的生活工作习惯就是企业风气。想要建立良好的企业风气,就要从衣食住行、待人接物的点点滴滴入手,不要好高骛远,更不能脱离日常生活和工作。建立企业的人文环境也是如此,也要从日常工作的点滴细节入手,让员工与自己、客户和世界都能和谐共处,互利共赢。

面对自己的团队时,我也会注重人文建设。其内容,主要有以下三点。

第一,不谈是非。因为谈是非会破坏和谐,制造事端,引起内讧,让很多人被动卷入无谓的纷争，把一个好好的团队搞得乌烟瘴气，最后不欢而散。谈论是非，以及搅入是非的人，眼里是没有团队整体的，也没有大局观。如果员工都能达成一个共识，那就是不管个体之间意见有多么不一致，大家的目标是一致的，心往一处想、劲往一处使，那么，再多的是非也不会扰乱团队。而且，一心做事、奔着共同目标去的团队，也不容易产生多少是非。老祖宗说，人闲是非多。大家观察一下，喜欢搬弄是非的人，基本上都是不好好做事的，而能专心做事的人，基本上都会远离是非。

第二，不抱怨。因为抱怨不但会影响自己的工作热情，也会影响别人的工作热情。每一个加入团队的人，都以完善自己、奉献社会为出发点，都有一份美好的向往，但同时，每个人身上都有毛病和弱点，都有待完善。这时，如果一个人老是抱怨，就容易勾起别人的类似情绪，影响其心情，就算不会对别人的初心造成损伤，也一定会给他带来不快。更重要的是，如果一个人老是抱怨，老是觉得某些人不好、某些事情不好，而不去积极地完善自己，不去欣赏和学习别人的优点，久而久之，他自己就容易心灰意冷，觉得做事没有意义，最后丧失梦想，离开团队。当然，也有一些人把抱怨当成缓解压力的方法，他们一旦把负面情绪宣泄出来，自己心里就舒服了，不会有积压的不快。不过，他们固然轻松了，其他人却已受到了负面情绪的影响，有些意志不坚定的人可能还会产生别的想法。所以，团队里如果有个喜欢抱怨的人，这个团队就有了不安定因素，很难真正地和谐起来。

第三，做自己该做的事。无论志向多么高远，无论梦想多么伟大，都离不开脚踏实地的行为。所谓脚踏实地的行为，就是做好自己该做的事情。离开这一点去谈其他的一切，都是没有意义的。所以，要做好自己该做的事。

团队虽然有大有小，但都有自己的风气，或者说作风。注重风气建设，是一定不能忽视的。历史上，能够传承下来的大家族，都有一个好家风。前些日子，我还专门看了一本书，讲中国历史上有名的家族的家风家训的，如范氏家族的、孔氏家族的、曾氏家族的、陈氏家族的等。这些家族不仅传承了很多代，并且每一代都有优秀杰出的人才出现，这就是得益于好家风。如果一块土地上，总是长出比别人的土地上更好的庄稼，不就是因为这块土地更肥沃吗？肥沃的营养，在家庭中就是家族的家风，在企业中就是企业的风气。一家企业，有好风气，直接的影响就是能做成事，能留住人才，后面才谈得上发展壮大、代代传承。

第三节　选择好种子，育成参天树

想要立于不败之地，除了建立优秀的企业文化外，选出能传承企业文化的优秀人才，是第二个要点。因此，识人、培养人太重要了，善建的建，关键就在于人。而且这个"人"特指"修之于身"的人，也就是能够传承文化的人。如果他不想修身，就不值得作为传承人来培养，不值得浪费时间，因此要详加分辨。

一、识人有多法，修身是关键

修身就是消除个人化的欲望，放大自己的胸怀和格局，让自己的境界趋向大道，这是一种志向。以修身为基础做利众之事也是一种志向，有了这种志向，将来才可能成为有用之人。所以，每个希望将来有一番作为的人，都一定要立志，培养人才、选拔人才的时候，也一定要注重他的志向，不要把机会交给没有志向的人。因为，如果对方是一块破石头，无论你怎么装程序，也不会对他有任何改变，所以就不需要在他身上投注时间了。

老祖宗留下了很多识人的方法，比如，庄子专门讲过几条识人的准则。

第一是看他是否忠诚。无论是交朋友还是培养员工，都要选一些忠诚的人。怎么检验一个人是否忠诚？可以把他安排到一个比较远的地方去工作，看看他会不会忠心对你，如果会，就说明忠诚是他的品质；如果不会，你就算把他放在自己身边工作也一样。

第二是看他是否有礼。比如，如果你跟他很亲近，看他是仍然尊重你，还是得意忘形。如果他仍然尊重你，就说明他是一个有礼的人；如果他得意忘形，就说明他是一个无礼的人。永远不要做近之不逊、远之则怨的小人，也不要做一旦亲近就不知高低、远离之后又诸多埋怨的无礼之人，当然也不要选择这样的人做储备人才。

第三是让他做一些繁杂的事情，看他是否有才能。注意，培养一个人的时候，必须让他从细微具体的事情做起。小事都做不好的人，大事也不可能做得好，因为所有事情都是从小事开始的，所有成长也都是从小事开始的。我做任何一件小事，都和做大事的态度是一样的；我对待任何一个小人物，也跟对待大人物是一样的。因为，认真、真诚是我的品质，也是我的生命习惯，我对待任何事、任何人都是这样，不会因为对方怎么样而有所改变。

第四是看他有没有智慧，够不够机智，有没有思想，懂不懂思考。比如，突然问他一些问题，看他怎么回答你。懂得思考非常重要，而懂得思考的另一个体现，是对分内工作要有自己的观点，还要提炼出自己独有的方法。每个人都要学会在自己的岗位上总结经验，这就叫多智。注意，分享如何识人的方法，不只是为了选择别人，更是为了自我选择，也就是增长见识，守护值得守护的品质，培养自己还没养成的品质，不要在红尘的纷扰中盲目地改变自己。我在书中所写的一切，目的都只有一个，就是告诉大家我是如何要求自己，如何成长，如何选择他人和自我选择的。我觉得大家也可以这样，既要以老祖宗总结的经验为借鉴，培养和塑造自己，也要有一份文化自信，认为自己完全可以成为这样的人。这一点非常重要。很多在风暴中倒闭的中小企业，可能都是因为缺乏文化自信，也不了解中华文明的智慧与自己的关系，于是就拒绝了一些能让他们改变命运的营养。这一点非常可惜。所以，如果自己是个负面消极，容易自我否定、妄自菲薄的人，就要调整自己——不是盲目自信，而是明白方向，知道自己可以改变，让自己有更高的向往，不要因为妄自菲薄，而拒绝一片更加高远和智慧的天空。

　　此外，还有一些准则，比如守信。守信也很重要，如果想测试一个人是否守信，可以委托他保管一些钱财，看看他会怎么对待，会不会起贪心。如果他不起贪心，就说明他是一个守信的人。有些人就是因为用人不当，被身边的人给害了，从此就再也起不来了，所以，一定要选择有底线守诚信的人，不要选择唯利是图，甚至不守法的人。

　　还有，你要把你想培养的人放在一个混乱的环境里，看看他是不是淫乱之人——这个淫乱指的不一定是男女关系的淫乱，还有对欲望的没有节制。

　　当然，庄子说的这些准则，不仅仅是教我们如何识人，也是教我们如何做人，我们在审查别人之前，要好好地审查自己，看看自己有没有这些毛病。尤其要忠诚、守信、多思考，还要廉洁，不要在金钱上出问题，学会节制自己的各种欲望。老子所说的"善建者"，也要有这样的品质，不是谁都可以成为"善建者"的，也不是谁都值得培养的。

　　我的忠实读者，尤其是那些买我的墨宝和藏品，支持雪漠书院建设的朋友们，都具有这样的品质，否则他们就不会有这样的志愿行为。就像老子所说的，"上士闻道，勤而行之"，有境界的人一旦闻道，就会马上照做，按照合道的方式去积极行事。

"上士"水平最高，不但知道什么是智慧，而且能马上学以致用。

那么"中士"会怎么样？"中士闻道，若存若亡"，水平中等的人虽然也知道智慧的重要性，但得到智慧的启迪之后，总是"三天打鱼，两天晒网"，不能持之以恒地实践，更不能坚持一辈子。大部分人都属于这个类型，他们不是不知道什么是好东西，而是缺乏毅力和恒心，不能把智慧变成生活方式。

那么"下士"呢？"下士闻道，大笑之。不笑不足以为道。"水平最差的人不知道什么是好东西，一听这些东西，就会哈哈大笑。面对这些人的时候，你不但不需要因为被嘲笑而感到难过，反而要因为他们的嘲笑而感到开心。因为，符合他们标准的一般都不是好东西，很可能是功利庸俗之物。只有超出功利愚昧的领域，让精于算计的人觉得可笑，才可能是好东西，因为它是远离功利、远离算计的大道智慧，虽然不能很快奏效，却能改变人的一生，让人能够主宰自己的命运。

一家企业建立符合大道智慧的文化之后，它的员工也会分成这三种：第一种人，接受企业文化并且欢喜奉行；第二种人，接受企业文化但"三天打鱼，两天晒网"，不能坚持；第三种人，不但不接受不实践企业文化，还会觉得它可笑。所以，企业家培养人才的时候，不用胡子眉毛一把抓，一定要选拔那些能够接受自己企业文化的人。

曾国藩也不是什么人都培养的，他有一个相面口诀，其中两句话说得很好："功名看气概，富贵看精神。……若要看条理，全在语言中。"气概就是气场，人的气场显示了他内心的真实状态，因此，只要观察他的气场，就能知道他到底是一个鸡零狗碎之人，还是一个大将之才，若是大将之才，他的身上就必然有大将的气概。想要知道他的命运也一样，要看他的精神面貌。其中，"精"是精气，是物质性、看得见的东西；"神"是文化，是看不见的，但能通过行为展示出来的东西。所以，如果他的精神面貌是正面、积极、向上的，那么他的命运也不会太差。而他的条理性、思路的清晰与否和表达的准确性，通过交谈也可以看得很清楚。

所以，按曾国藩的观点，对方到底是好种子，还是不值得培养之人，一见面就能看得出来。曾国藩也确实挖掘了很多人才，左宗棠、李鸿章等人，或是由他提拔举荐，或是由他一手培养，清朝的大部分汉人官员，也都出自曾氏门下。曾国藩的团队，是晚清最大的团队，湘军中就有很多"善建者"。

那么曾国藩是如何培养人才的呢？《曾国藩家书》中有所记载，蔡锷的《曾胡治兵语录》中也可见一二。在这里，我想简单给大家分享一些曾国藩和胡林翼的治兵名言，或许对企业家朋友能有一些帮助。

"凡人才高下，视其志趣"，这句话是曾国藩说的，意思是，人的高下，是由志趣来决定的。什么是"志"？志向就是志，想要得到什么东西就是志。人内心最想得到什么，决定着他的气质。有些人什么都不想要，无论什么时候见面，都只想帮助别人成功，只想把自己的东西送给别人，这样的人最大气，也最了不起，前途是无可限量的。什么是"趣"？就是爱好，喜欢什么东西就是趣。我认识一些人，他们的志向很大，但偏偏喜好实在不堪，既贪财又好色，结果把一切都毁掉了。

所以，识人的第一步就要看他的志趣，学习做人的第一步也是建立向上的志趣。有什么样的志向和兴趣，就有什么样的人生。

此外，言语对机者，愿意改变者，都是上等之才，因为这样的人必定"胸怀广大"，且"从平淡二字用功"。也就是说，他们的大胸怀是在日常生活的点点滴滴中显露出来的，比如他们对待部下的态度，对待朋友的态度，等等。我们学习做人也要从这些地方学起。

还有一点，就是曾国藩所说的："喜誉恶毁之心，即鄙夫患得患失之心也。于此关打不破，则一切学问、才智，实足以欺世盗名。"喜欢听好话不喜欢听恶语，是凡夫的患得患失之心，如果这一关过不了，一切学问才智都只是欺世盗名。为什么？因为一旦有患得患失之心，没得到的时候想得到，充满了欲求；得到了之后又害怕丢掉这个，害怕丢掉那个，格局就不可能大得起来。老祖宗说，人到无求品自高。患得患失的人，太有求了，品自然高不到哪里去。

所以，"君子有高世独立之志"，也就是说，君子有高于一般人的独立之心，别人不可替代，也不可夺走，并且要做到"朴勇"，也就是质朴勇敢。胡林翼说，"军中取材，专尚朴勇"，军队中选拔人才，只会挑选一些特别淳朴勇敢的人。我们做人也一定要这样，最好能质朴敦厚得就像大地一样。

以上都是老子所说的"善建者"的特点，满足这些特点的，就是我们所说的人才、好种子，企业家朋友在选人、培养人才时，可以以此为参考。

二、人才陶冶成，标杆有大用

一定要明白，人才不是天生的，所有人才都是培养出来的。哪怕你选了一些先天条件比较好的人，他们也一定有某个方面还没有达到要求，至少没有完全达到要求，需要你慢慢地培养。为什么？因为他们现在才开始面对具体的事情。所以，选好人才之后，就要酌情对他们进行培养。不要期待别人不经培养就是很好的人才，也不要期待自己不用经过培养，就可以非常成熟地做事。所有人都是在培养中成长的。不经培养，很多人就只是一棵小树，没有太大的力量，不能为更多的人遮风挡雨。

我也是这样，最初我只是一个平凡的西部孩子，如果没有经过修行、写作和读书的训练，我至多就是一个小学老师，虽然也能做一些事情，但力量很小，不可能像现在这样，写出那么多书。正是因为我树立了志向，然后通过读书和修行慢慢熏陶自己，同时进行写作训练，后来才一天天成长，有了大力，能够将自己的志向一点点实现。这一点，我写在《一个人的西部》里。所以，不要怕身边的人没本事，没才能，也不要怕自己没本事，没才能，所有人只要愿意接受培养，也肯踏踏实实地努力，就能成长起来，尤其是孩子。

本小节的标题是"人才陶冶成，标杆有大用"，什么是标杆？标杆就是成长后的你。你要在智慧文化的熏染下陶冶心性，好好培养自己，让自己成长起来，成为家人的标杆，成为朋友的标杆，成为工作伙伴的标杆，成为员工的标杆。当你能够发挥标杆的作用时，就会有很多人跟你一起成长，或是在你的带动下成长。比如，假如你作为家长做得很好，那么就算你不去强硬地管束孩子，孩子也会向你学习，试着去做好自己。所以，只要做好自己，孩子自然会很好，团队也自然会很好，一切都要从完善自身开始。

我要求家人时也是这样，我要求他们在早上五点起床，自己也一定会在五点前起床。要求别人做啥，自己首先做到，就是"标杆有大用"。当你做得很好，足以成为标杆之后，你身边的人——尤其是你想培养的人——就自然会做得很好。所以，所有的培养手段之中，标杆作用是第一位的。

曾国藩说："做好人，做好官，做名将，俱要好师、好友、好榜样。"注意，他将做好官、做名将与做好人放在了一起，而且做好人在第一位，足见做好人在他心中的重要。他培养团队的时候，也一定会选择品质最好的人，而这些人也会成为其他人的榜样和良师益友，然后大家一起成长，一起为同一个目标而浴血奋战。所以，曾国藩带出来的队伍非常强悍，其中有很多精英。企业也要这样，不但要培养人才，也要树立榜样。在团队建设的过程中，榜样的力量是最重要的。

三、人才重培养，文化促传承

中国的很多企业虽然有人力资源部，并且也会定期安排对人员的培训，然而，这种培训力度往往是不够的。很多企业仅仅从技能层面去培养员工，却忽视了从文化层面进行深入的培育。缺乏系统全面的培训体系，就难以培养出真正完善的传承人。所以，企业有必要建立自己的培训学校，或者至少设立专门的培训部门，同时制定一套完备的人才养成计划。比如明确营销人才该如何培养、管理人才又该如何塑造等。仅仅依靠现有的人才，或者仅仅让年轻员工学会如何做事，这显然是远远不够的。

一些优秀的企业家将自己的公司打造成学习型组织，这一做法确实非常明智。企业的传承需要大量的优秀人才，仅领导者优秀是远远不够的。从外部培养优秀的企业领头人，不仅成本高且存在风险，还可能面临文化融合等诸多难题。而在内部建立完善的人才养成机制，则具有诸多优势。通过这样的机制，可以培养出对企业忠诚度高、熟悉企业业务和文化的人才。同时，在人才培养的过程中，还能够建立企业独有的文化，将企业的力量最大化。这种独有的企业文化能够增强员工的凝聚力和归属感，提高员工的工作积极性和创造力，为企业的持续发展提供源源不断的动力。

注意，懂得在传承人的培养上着力的人，就是"善建者"，他建立的企业不会轻易被外力所摧毁。所以，企业家必须反思自己，看看自己在这方面做得够不够。

以前，凉州有个皇台集团，非常厉害，获了很多奖，名震一时，但创始人一死，儿子立马就把企业卖了，从此企业也就销声匿迹了。我们必须追问企业的传承问题，当最优秀的开拓者离开世界后，继任者是不是有情怀、有志向、有能力将其事业传承下去？

一旦这种反思产生的时候，我们就会发现问题，并且产生一种解决问题的紧迫感。要是这种紧迫感会推动我们做出调整，并且这种调整也符合老子倡导的善建智慧，那么我们的企业就会多了一种立于不败之地的可能性。

第四节　妙法有多种，塑精英团队

企业是由若干个大大小小承担不同职责功能的团队组成，个人无论多优秀，如果没有好的团队和你共进退，都难以取得大的成功。所以，做好团队建设、树立团队精神，一直是企业生存发展的一个重要课题。

一、铸团队梦想，创成长环境

如何建立你的团队？如何让智慧滋养你的团队？如何让你的团队成为更高更大的一种存在？答案有以下五点。

（一）塑造团队的灵魂

有一个说法，真正的团队不是团伙，组建团队也不是拉人头，确实如此。团伙，多有贬义，指的往往是为了某种利益和目的而临时聚在一起的一群人，他们既然一哄而起，就会一哄而散。而真正的团队，则是为了某种愿景和梦想而组建的生命共同体，它必须有文化和灵魂。用文化铸就的精英团队中，每个人都清楚大家走到一起的理由，也都明白各自所肩负的使命。团队的凝聚力会非常大，可以走得很远很远。

团队存在的关键，不在于人数的多少，而在于每个人的素质和梦想。真正的团队永远在"人"本身上下功夫，让每个人都有自己的灵魂（即活着的理由），让每个人都能留下一种岁月毁不掉的东西。只要团队中的每一个人都有了活着的理由，都有了终极的梦想，团队将不可替代。因此，组建精英团队的第一步，就是找到团队的灵魂，这是团队是否值得存在的关键。如果这个团队与因利而聚的团伙没有实质性的区别，那么它就没有存在的理由，多一个，少一个，意义不大。

（二）确立团队核心领导力

在一个优秀的团队中，核心领导力至关重要。虽然团队成员可能各有所长，但必须有一个能够凝聚众人、引领方向的核心人物。这个人或许没有成员们的专业技能，但却有着坚定的信念和明确的目标。他就像一座灯塔，在茫茫大海中为团队指引前进的方向。当团队面临困难和挑战时，他能稳定军心，激励大家勇往直前。当团队出现分歧和矛盾时，他能以智慧和胸怀化解冲突，让大家重新团结在一起。他用自己的人格魅力和领导风范，成为团队的灵魂和核心。他的存在，让团队有了向心力，有了前进的动力。即使在最艰难的时刻，也能让大家坚守信念，不离不弃。

一个团队，只有确立了核心领导力，才能在激烈的竞争中立于不败之地，才能实现共同的目标和梦想。

（三）用"道"和"术"打造团队

组建一支团队，要注意两部分内容：一是对内，即内部管理；二是对外，即经营传播。不管是对内，还是对外，都需要"道"和"术"的相辅相成，否则团队就无法健康成长、发展壮大。内部管理，需要智慧，需要洞察人心，需要培养人才，也需要团结合作，同时，还需要善巧和技巧，需要圆融无碍。对外传播，面对世界时，更需要大智慧、大方便、大策略、大踏步、大机遇等，才能在时代的风浪中乘风而上，稳操胜券。

其中，"道"就是智慧，"术"就是技术。没有"道"，没有智慧的滋养和观照，"术"便会流于手段，团队也容易变得急功近利，甚至会走上邪路和歪路，偏离最初的方向和宗旨。反之，如果只有"道"没有"术"，不能与时俱进地借助现代的传播技术和传播平台，不能学习吸纳最先进的科学技术、传播理念、管理方法等，"道"就不能很好地落到实处，团队也不能释放出最大的潜力。简言之，没有"道"，"术"容易偏小，无法实现更大的超越；只有"术"，"道"容易偏空，无法发挥更大的作用。因此，一定要处理好"道"与"术"的关系。这就要求团队里的每一个人，自身的智慧、人格、学养、素质等都要很高，有一种大心愿、大胸怀、大视野、大远见，这样团队才有大发展、大格局。

（四）铸就团队的利他精神

真正的精英团队里的每个成员都必须有信念，必须拥有一种利他精神，这样的团队才是不可替代、不可攻破的。利他的精神，便是无我奉献的精神。这需要每一个成员都具备较高的文化修养，让智慧和爱的精神渗透于整个生命之中，这样，在团队发展中就不会轻易放弃；在面对正邪较量时，就会拥有一种大勇猛、大无畏的牺牲精神。

（五）创造共同成长的环境

要想让自己的团队变得卓越，成为能够引领时代文化潮流的精英团队，就要创造一个很好的学习环境，制定一些相应的激励措施，推动和促进所有成员共同成长，让团队中的每一个人都能在实践和学习中成长。

要想成长，最重要的就是学习——向自己所在的领域学习，也向其他的各个领域学习，学习文化知识，学习专业技能，并且紧密地关注时代动态，学会感知受众当下的痛点和需要。而成员们彼此之间也可以积极地学习和切磋，甚至可以辩论和碰撞，在各种各样的契机之中，实现整个团队的共同成长，而团队成员在共同学习、共同开启心性智慧的同时，也能共同实现一种"术"层面的成长。

另外，要摒弃狭隘短视的思想和成见，更不要压制、排挤人才，要让每一个有志于成长的人，都能得到足够的雨露和阳光，在学习、做事的过程中，享受健康成长的快乐，享受生命的美好。

一个精英团队的氛围往往有如下特点：

· 宽松、自由，不相互控制和打压；
· 平等、尊重、互助，不相互攀比和计较；
· 开拓、创新、积极向上，做事充满激情和活力；
· 学习、自律、包容、利他。

只有在这样的氛围中，成员才可能完完全全地彼此信任，紧密合作，互相学习，并且共同成长为精英人才。所以，你可以参照这些特质来衡量自己的团队，符合之处保持和发扬，不足之处弥补和改善。

二、成长型团队，"充电"是核心

《道德经》所揭示的大道规律是变化，所以它蕴含的思维是变化的思维。变化的思维，听上去平淡无奇，但在这个世界上，用变化的思维去生活、去做事的人并不多。大多数人的思维是固定思维。很多人告别学校教育之后，就再也不读书不进修了；很多人一旦对某事物形成了看法之后，就一辈子都抱着那个成见，再也不接受新事物新观点了；很多企业取得了一定的成绩后，就再也没有勇气突破自己，希望能在老路上无惊无险地继续走下去……所以，很多人不是败在他人手上，而是败在了自己的固定思维上；很多企业也不是被竞争对手打垮的，而是被自己的固定思维摧垮的。

有变化的思维，才有成长的思维。终身成长，既是每个生命个体的需求，也是所有团队的发展需求。企业所面对的形势变化，对于成长有着更迫切的需求，所以，精英团队必须是成长型的团队，团队中的每一个成员，也要是成长型的人。如何保持团队的持续成长呢？

（一）建立高效的团队文化

团队文化是团队成员的行为规范、行动宗旨，也是团队成员自我约束、自我管理的标准，因此，每个成员都是团队文化的载体，其言行都必须是团队文化的展现。团队文化可以是明显可见的，也可以是隐性的，它形成了整个团队的氛围。它是团队成员共同认可、共同执行的一种价值观，也是所有团队成员共同追求的一种精神境界。对于新加入的成员，这种文化氛围有一定的指导和熏染作用，能够使其言行追求与整个团队保持一致。我曾专门为自己的团队写过一首《雪漠价值观》，让团队成员每天诵读，久久熏染，效果很好。现分享给大家。

雪漠价值观

成长是福利，经历是财富，境界是行为，奉献是价值。
学习是生活，点滴铸大器。传承是担当，无我生大力。
成功在人格，利众是幸福。快乐于当下，超越是无执。

（二）制定卓越的工作标准和合理的工作目标

每一个团队都有自己的工作标准，成长型团队更是如此。怎样的工作标准，才能被称为"卓越"？工作标准的卓越性，并非体现于刻意的标新立异，制定一些另类怪异的标准，而是将标准人性化、赋予标准深刻的文化内涵与精神内核，使它区别于冰冷的制度，成为一种自我约束和自我激励的有效工具。同时，工作标准的内容要非常明确。各层级的工作标准越是明确，就越是有利于团队的互动与配合，有利于各项工作的顺利开展。因为，工作标准对工作时间、工作制度、工作要求、行为规范、奖惩措施等都有具体明确的要求，大家在做事的过程中有据可依。

制定好工作标准之后，就要在工作标准的总体要求下，制定出具体可行的工作目标。按照时限的长短，工作目标可以分为短期目标、中期目标和远期目标。

目标一旦确定，就要有效地去执行相关任务。没有执行，目标就没有任何意义。只有将目标牢牢记在心里，成为自己活着的理由，并且朝着目标的方向去行动时，你才能渐渐形成一种积极正面的生命习惯。任何时候，都不要丢失自己的目标，同时还要坚信自己一定能够实现目标。坚定信心，不退缩，每天都围绕着目标去做事，成功就是必然的。

（三）建立有效的激励机制

在实现目标的过程中，人们会不断地遇到挫折及困难，随时会遇到一些不可预知的磨难和变化。要使团队始终保持旺盛的士气和坚定的信念，就需要建立有效的激励机制。对于做出杰出贡献的团队成员，要给予精神和物质的奖励，以此表示对他们工作的肯定和认可。还要在团队中树立行为榜样，激励他人见贤思齐，积极进取，不断成长。在整个团队中形成一种正能量的、良好的学习氛围，让这片土壤中长出参天大树。对评选出的年度优秀个人及团队，给予表彰和奖励，这除了是对做出贡献者本身的感谢和肯定之外，也是为了给整个团队树立榜样，告诉大家该怎么做人做事。

激励的方式通常有两种：一种是物质激励，一种是精神激励。物质激励，要遵循公平、公正、公开原则，不以学历、职位、身份、工作年限等为先决条件，而是以行为、能力、成长速度，以及做出的成绩为依据。是否奖励，主要看员工的行为，因为行为是心的体现，是智慧的载体，无行为，就无奖励。奖励的目的，不在于奖金的数额大小，而在于对获奖者行为的认可。精神激励，其目的在于，肯定被激励者所做贡献的价值，表达被激励者对整个团队的重要性。精神激励是对员工的奉献给予重视、尊重和回报，是一种精神上的认可和弘扬，其形式多为荣誉证书及奖状、锦旗等。

（四）制定合理的管控措施

团队的主管是整个团队的"船长"，他最重要的职责是保证团队这个巨轮在既定的航线上前进而不偏离方向，只有这样，才能让大家都到达目的地，并且完成既定的目标。所以，团队主管要细心观察所有成员的状态，制定合理且强有力的管控措施，以便在有章可循、有法可依的条件下维护团队秩序。孟子说"不以规矩，不能成方圆"，而《西游记》中的孙悟空之所以能一路跟着唐僧，也是因为头上的金箍。团队跟孙悟空一样，也需要金箍，需要一个念"紧箍咒"的人，只有如此，才能让整个团队有序地发展壮大，始终按照既定的方向往前走，完成自己的使命。否则，如果团队中有人背离团队的共同目标，甚至有危害团队的行为，团队主管又不及时制止和监管的话，其他人就会纷纷效仿，不正之风就会蔓延开来，腐蚀整个团队，使之失去存在的意义。

（五）做好沟通协调工作

在团队发展的过程中，团队主管一定要灵活地处理一些内部问题。例如，当团队成员的个人利益与整体利益发生冲突，或团队成员之间发生矛盾与争执时，要尽快将其妥善处理，帮助他们解开心结，使他们回归正常的协作关系。对团队内部出现的"害群之马"，应及时劝退，避免"污染"其他成员。

同时，团队主管要适当地给予团队成员一定的责权，让他们能够自由地管好自己职责范围内的事情，从而感觉到自己是团队的一分子，拥有一种崇高感和自豪感，将企业的最高愿景视为自己的使命，充分发挥主观能动性及积极性。团队主管在授权选人时，依据的标准主要是品德、真诚和意愿。

（六）不断为团队"充电"

要想让团队永远充满生机和活力，就要不断为团队"充电"。"充电"的方式主要是培训。培训内容包括诸多方面，如知识、技能、文化、管理等，使团队成员在不断的学习中提升素养，开拓视野，增强本领。

我再强调一下，老子讲出了企业、家族、国家"祭祀不辍"的秘密，这个秘密就是建立无常毁不掉、别人夺不走的文化。并且首先用这种文化来改变自己，然后将它传递给身边的人，传递给自己的家庭，传递给自己的团队，传递给自己的企业，传递给自己的国家，甚至以此为基点，辐射到更远的地方。这时，这种文化的传承就会越来越牢固，越来越不容易断裂，对世界的贡献也会越来越大。儒家文化和道家文化就是这样传承至今的，一些有名的家族也是这样传承至今的。

三、增强生命力，以蚂蚁为师

一位专家说，世界上生存能力最强的除了人，还有老鼠和蚂蚁。人类的生存活动占据了整个地球，蚂蚁和老鼠也是这样。据说五千多万年前，地球上已经有老鼠的存在，它们像人类一样代代相传，代代演化，在这个星球上生存至今。蚂蚁更是如此，据说蚂蚁从一亿年前生存至今，而且还是地球上最早的"农民"——六千万年前，已经有蚂蚁开始种植真菌养活自己，类似的生存手段，让它们从几千万年间地球所经历的所有灾难中幸免，并能在人类无法适应的恶劣环境中生存。也许，学习蚂蚁精神，会让我们更加懂得何为职业合作，以及如何在荒无人烟的地方顽强地生存下去。

（一）分工明确，团结协作

我们知道，蚂蚁分为蚁后、雄蚁、工蚁和兵蚁四级，这就像一个公司的组织架构，也像一个小型国家的架构。蚁后的主要职责是产卵、繁殖后代、统管蚂蚁这个群体；雄蚁主要负责与蚁后交配，繁殖后代；工蚁（不发育且没有生殖能力的雌蚁）主要负责修建和扩充巢穴，采集食物喂养蚁后和幼蚁等；兵蚁（没有生殖能力的雌蚁）主要负责抵御外敌。如果用企业职能人员进行类比，蚁后相当于企业管理者与生产者的融合体；雄蚁相当于生产者与营销传播者的融合体；工蚁相当于行政保障人员，包括后勤人员与财务人员；兵蚁相当于安保人员。

蚁后有多次繁殖经历，且因艰难和危险的繁殖而脱胎换骨，也就是说，有了足够的阅历，经历了生命的磨炼，有了强大的耐受力和意志力，才有能力胜任管理者这个职位，而且这个管理者并不是纯粹的领导，同时也是服务者。这个角色的综合性，给了我们一个颠覆传统认知的启示：真正的领导，不仅是管理者，也是生产者和服务者。此外，虽然负责行政保障及安保的基层员工（工蚁和兵蚁）没有创收和管理的能力，但他们可以协助管理层和业务人员完成公司运作所需的各项工作。所以，分工明确、团结协作，是蚁群值得我们学习的第一个特点。

另外，蚂蚁们过着和谐互助的群体生活，从不内斗。而且蚂蚁搬运食物通常是集体出动，一只蚂蚁搬不动的时候，其他蚂蚁则会鼎力相助。这就像一个项目目标确定之后，大家齐心协力共同将它圆满完成。

这一点，尤其值得那些有利己主义倾向的员工学习。想要在公司长久地发展下去，必须懂得互助和团结协作，而不是一味地追求个人利益。

（二）尊老爱幼，舍己为公

蚂蚁尊老爱幼，在蚁群内，至少有两个世代重叠，子孙总有机会照顾上一代，也一定会照顾上一代。要是有同伴死去，蚂蚁会以它们独有的方式祭奠死者。如果在搬食物的路上，遇到死掉的同类，蚂蚁还会结伴把它拖回家。无论何时，蚂蚁都不会抛弃同伴。而且，在蚁群面临危险时，有些蚂蚁会毫不犹豫地牺牲自己来保护整个群体。蚂蚁虽然看起来比人类渺小很多，却一直尊老爱幼、舍己为公。蚂蚁精神告诉我们，一个人即使再渺小，只要拥有尊老爱幼的仁爱之心和舍己为公的奉献精神，也终究会在灵魂深处变得高尚而伟大，成为他人敬仰和学习的榜样。

（三）未雨绸缪，辎重前行

蚂蚁懂得居安思危，一旦熬过寒冷的冬天，当天气逐渐变得暖和时，它们就会开始寻觅食物，为下一个寒冬做充足的准备，因此它们春、夏、秋三季一直在辛勤劳作。

（四）懂得退让和示弱

蚂蚁遇到前方有障碍物时，总会绕道而行，绝不会硬冲硬撞；遇到比自己强大的对手时，也总会示弱。若是面临生命危险，蚂蚁还会装死，躺在地上一动不动，危机过后，便恢复原本活脱脱的样子。所以，看似不起眼的小蚂蚁，身上有许多值得人类团队学习的东西。如果团队能够学习蚂蚁精神，俱足上述的四种特质，就一定会有很强的生命力，无论环境多么恶劣，都能长久地生存发展下去。

第四章
术——企业落地之行

胜人者有力，自胜者强。

——《道德经》第三十三章

图难于其易，为大于其细。天下难事，必作于易；天下大事，必作于细。是以圣人终不为大，故能成其大。

——《道德经》第六十三章

天之道，其犹张弓与？高者抑下，下者举之；有余者损之，不足者补之。天之道，损有余而补不足。人之道，则不然，损不足以奉有余。孰能有余以奉天下？唯有道者。是以圣人为而不恃，功成而不处，其不欲见贤。

——《道德经》第七十七章

很多事情看起来很小，却有可能会引发一个巨大的事件，甚至让时代发生巨变。而我们的日常训练也要从小事、易事入手，能够处理好小事、易事，才能为做成大事打好坚实的基础。一切的大和难，都是从小和易开始的，也是由小和易构成的。这就是世界运转的规律。无论是个人、小家还是大家，抑或企业、民族、国家，想要实现大的进步，都必须首先实现一个个小的进步，点点滴滴的进步积累到最后，伟大的愿景才可能实现。这是做事的秘密。

道的本体与德的内涵，在现实世界中要想呈现出来，就需要通过具体的术去执行。企业的愿景和使命，企业的诚信与文化，都要通过企业的具体行为去落地。所以，我们在讲道与德的时候，不能忽视了术，再高的智慧，也要能够妙用在做事上。同样，我们讲术，不能脱离道和德，否则，术就成了无源之水和无根之木，支撑不了多久。

本章主要围绕实现企业愿景的术，也就是从一些具体的方法谈起，讲如何借术来承载道，更好地建立企业文化，传播企业文化，通过企业文化扩大企业的影响力。无论是对于国家、企业还是对于个人来说，术都很重要。厚德是道，务实则是术，企业在厚德务实的过程中，道和术都不可缺少，它们都是企业成功的必备要素。

第一节　沐浴书香气，人文铸精神

在当下这个商业时代，很多企业都承受着巨大的压力。对内，同行挖墙脚、员工追求更好的待遇和更大的发展空间等原因，让企业很难杜绝人才流失的现象，企业家因而头疼不已。对外，激烈的市场竞争、各种商潮的席卷等原因，也让企业不可避免地活在动荡之中。那么，如何解决上述问题？如何增强企业的核心竞争力，让企业拥有很强的凝聚力，无需惧怕外来的一切竞争和冲击？答案是文化，因为文化可以熏染人，也可以提升人。

目前，大多数企业都是以盈利为目的而经营的，这当然无可厚非，但凡事以利益为衡量标准，罔顾自身所担负的社会责任，以及对员工、对用户的责任，只会让企业在经营的过程中做出错误的抉择。错误积累到一定的程度，企业就会陷入巨大的经营危机，生存都会出问题，更谈不上长久发展。所以，有些企业看似财力雄厚、前景良好，却在不知不觉中陷入了错综复杂的困境，难以解决，更难以进一步发展。

而现代商业社会的更新速度又极快，不能突破局限进入另一个境界的企业，往往会逐步被市场所淘汰。因此，很多曾经非常成功的企业风光了几年或十几年后，便走向衰退，逐渐销声匿迹。所以，企业必须警觉和反思，在衡量利弊的过程中，分清孰轻孰重，做出有益长久发展的选择。任何企业都是如此，没有例外。否则，企业就会朝着"死亡"的方向迈进。但是，警觉和反思有一个前提，就是实现超越——超越欲望对自身的控制和蒙蔽，超越固有观念对自身的桎梏，超越社会价值体系对自身价值观的影响等。如果没有超越，警觉和反思就不一定能达成预期的效果，有时反而会加重错误，让自己陷入更大的困境。只有超越之后的警觉和反思，才能让企业跳出盛极而衰的"怪圈"，长久发展下去。

比如，有位企业家曾经是一家国有企业的"一把手"，在管理方面非常优秀，带领公司创造了巨大的经济效益，本人也是当地的风云人物。如果他学了《道德经》，就应该注意修德，学会低调、谦下、包容和惜福，可他却恰好在这上面犯了错，不但没有因为高收入而满足，反而打破底线，学会了贪污，最后被匿名举报，锒铛入狱。所以，学会超越，能站在一个更高的地方看自己，就不容易被情绪和欲望裹挟，能从容清醒很多。

好的一点是，现在有很多企业都意识到经营不能盲目，不能纯粹以利益和市场为导向，都在学习管理之道，同时也开始倡导"以人为本"。这无疑是现代商业文明的一大突破，它意味着传统商业模式中的雇佣关系发生了变化：企业不再把员工当成工具，开始承认和正视员工的价值与重要性。但是，看到一个生命体的价值所在，并不容易。因为我们已经习惯了以人为生产资料，以人为生产工具。在旧的价值观中，一切都有可能成为工具。当企业不能看到生命本有的无限价值时，就没办法去激发员工的自我创造性的价值。就相当于把蜡烛当成柴火烧，把灯泡当成玻璃球卖。原本它们都是可以发光的，可以产生更大的价值的。

所以，企业目前对人的重视，仍然有着巨大的局限。比如，企业对员工的关怀和帮助大多集中于物质层面，如制定某些特殊制度，帮助女员工、贫困员工及需要特殊照顾的员工等。类似的举措，确实可以提高员工的归属感和凝聚力，但还有很多问题，它们对此是无能为力的。比如，单纯提供物质帮助只能增加员工在生存层面的安全感，无法提高他们的主观能动性，也不能激发他们内在的潜力，不能让他们拥有超越的智慧。所以，物质层面的"以人为本"，力量非常有限，企业家要在道的层面帮助员工，跟员工一起成长，一起践道，共同建造良好的人文氛围和企业文化。

什么是"道"？道，就是智慧和真理，也是宇宙的根本法则。它能直接滋养你的心灵，完善你的人格，让你健康地成长。只要经常阅读能载道的书籍，你的见识就会提升；让你烦恼的想法，虚耗你生命的习惯和兴趣，都会慢慢消失，你的格局就会慢慢地变大；你会慢慢地明白自己作为社会人所承担的责任，也会主动承担更大的责任。这时，你就会慢慢从孩子成长为巨人，从庸人蜕变为精英。

因此，追寻正道的读书，是最根本的读书。

而且，读好书还有另外一个目的，就是提升"术"。

所谓的"术"，就是技术和知识，好书里除了智慧，还有大量的知识，这些同样是企业需要的。当然，求术的读书，是一种功用化的读书，属于辅助手段，不能成为读书的唯一目的，否则人就会不明方向，不能在超越的前提下选择。

我在小说《西夏的苍狼》中说过，只有"方便智慧合"，才能"星光遍大宇"。就是说，只有用优秀的技术、形式承载智慧，智慧之水才能源远流长；也只有在优秀的技术、形式中注入智慧，技术和形式才能真正地发挥作用，为世界输送清凉和营养。反之，假如你有智慧的见解，却不能很好地表达和传递，让别人明白你在说什么，让别人也得到智慧，你就会变得曲高和寡；假如你有很好的传播技巧，也有很好的平台，却没有智慧的见解，你就会陷入庸俗，无法超越时代的局限，也乏善可陈。所以，首先进行求道的读书，再辅以求术的读书，你的智慧之舟才能畅行无阻。

在 2024 年伦敦书展上，我在中国外文局展位举办活动时，保加利亚 Faber 出版社社长、保加利亚 Veliko Tarnovo 市副市长 Neyko Genchev 说，我的作品让他爱上了中国文化。他把我的作品放在床头，时时翻阅。他还说："雪漠的作品是中国几千年文明的重要载体，它承载了中国文学精神；中国文学精神能拯救世界。"我今年出版的新作史诗《娑萨朗》就是这样一部作品。它将中华文明的精髓，融合于一个奇幻壮丽、精彩非凡的故事中。打开书，读者就能直接感受到扑面而来的博大的中华文明的精神。而又因为它有非常好看的故事，能让人沉浸在故事情节中，不知不觉间就被文化熏陶了。每个人都能从故事中看到自己的人生经历和心灵历练，每个人都能从书中人物身上看到自己的影子，看到自己的过去、现在和未来的可能性。当看到书中的五位力士经受各种红尘考验时，比如名利的考验、情关的考验、自我虚荣和骄傲的考验、权力的考验，每个人都会心有感触，而看到他们如何选择时，我们也就知道了自己该如何选择。《娑萨朗》既有宏大的叙事，又有精湛的对小人物内心戏的描述。

对一个有理想、追求基业长青的企业家来说，《娑萨朗》应是必读书，因为每个企业家想建立的，就是一个永恒的"娑萨朗"。仔细品味本书，会让你脑洞大开，叹为观止。

古人倡导"文以载道"，因为文学不仅仅是一种艺术形式，它还是文化的重要载体，是人类精神的家园。《娑萨朗》就做到了文以载道，文以铸德，文以阐法，又有着与时俱进的术，它不仅仅是一部浩瀚的中国史诗，更是一部承载大道、承载爱与智慧的心灵之书。

中华文明博大精深，留给我们的最宝贵的精神传承之一，就是爱与智慧。儒家的仁义、墨家的兼爱、道家的济世情怀、佛家的无我利他，以及人类命运共同体，这就是中国特色的大爱；中华文明的智慧，既有出世间的超越智慧，又有积极入世、经世致用的儒家智慧，这是一种整体观的智慧，是共赢的智慧，它消除了零和博弈的狭隘恶性竞争，它追求的是人类文明的和谐发展，是人类文明的整体提升。在《娑萨朗》中，这样的思想与精神随处可见，相信它会对企业文化的构建产生启迪。

不过，我读书时，虽也读一些"术"书，但我仍然偏重于道。我十八九岁就开始读《老子》和《庄子》，但当时在上班，不能用大量时间来自由地读书。于是，我就用一台小小的录音机，把《老子》和《庄子》录下来，每天早晨一起床，就首先打开录音机，一边洗漱、收拾房间，一边听书、背诵。所以，大家不要觉得生活忙碌就没法读书，只要稍微动一下脑子，就能把零散时间利用起来，读很多好书。

真正的"以人为本"的管理，就是要带着员工们读好书，建立良好的人文氛围，从精神层面改变他们，让他们不但能学到职业技能，也能提升人格境界，拥有一种主人翁的精神和使命感。这时，他们就会发挥最大的主观能动性，想尽一切办法让企业越办越好，甚至宁愿自己"吃亏"。如果能做到这一步，企业所面临的大部分困境都会得以解决。所以，人心的问题，是企业最根本的问题。"以人为本"不光是企业管理者的宗旨和方向，也应该成为员工自己的宗旨和方向。上至董事、经理，下至基层员工，都要明白，真正的精髓和战无不胜的"法宝"，是实现心灵的成长和超越，从精神层面提升个人素质。假如每一个企业成员都能真正提升自己的整体素质，企业的素质也就得到了最根本的提升。

那么，如何才能真正提升员工的整体素质呢？方法只有两个字：学习。学习最有效的方式便是读书。读什么书？读能滋养心灵，能让心大起来的智慧之书。员工只有读智慧之书、大道之书，才能有智慧之行、合道之行，他才能有大格局、大视野、大远见、大升华。否则，员工的心就大不起来，企业也难有"大势"，即使上层领导有再大的野心，也会孤掌难鸣，困难重重，企业发展自然会非常缓慢。尤其是企业内部可能会出现各种内耗，让管理者的决策很难推进，即使得到推进，执行的程度也非常有限。

那么，在企业内部如何读书？可以创建读书会，让大家一起读书。单纯提倡员工们读书也可以，但一般没用，因为人有惰性，想要养成一种全新的习惯，往往需要外力的督促和帮助，所以企业需要打造一个读书的环境，营造一种爱读书的文化氛围。同时，还要提倡员工们针对书中内容交流自己的感悟，以此提升员工对读书和思考的兴趣，并且加深大家对书的理解。

很多人觉得读书无用，只是业余消遣，其实不然，读书的大用会让人拥有大格局的眼光，不会因为受到利益的诱惑，跌入人们很容易跌入的陷阱；承受磨难的时候，心中也有接纳的力量。所以，很多优秀的大企业家都有阅读的习惯，他们从来不会因为自己工作太忙，就不读书，不思考。越忙越需要读书和思考。因为，他们懂得读书的重要性，懂得道的重要性。道给了他们选择的智慧，让他们明变化，明趋势，也能守住心，这就是自胜者强。真正强大无畏的人，都是能战胜自己的人。同样，"自胜者强"的企业文化，也会让企业拥有一大批强大而无畏的员工，他们能为企业共同的愿景而不懈奋斗，把这个愿景当成自己的梦想，企业也会因为他们的奋斗而不断发展和进步，变得越来越强大。

所以，读书会其实也是企业的"造血"平台，只不过它的"造血"是间接的，是首先"造人"，然后让升级后的人创造更大的价值和效益。同时，读书会也是一个新旧更替、与时俱进的平台，它看似很小，看似无用，但在某种意义上决定着整个公司的"命脉"。因为，不读书，心灵便会僵化、死亡，很难跟得上时刻变化的社会主流思潮，也不可能适应急速发展的全新时代。因此，不读书的员工，迟早会被企业所淘汰；而不读书的企业，也迟早会被社会、时代和市场所淘汰。这么说也许非常残酷，但它是事实，是时代发展的必然趋势，不会因任何人的意志而转移，我们每个人都必须正视和面对这个事实，不能有半点侥幸心理。

所以，在企业内部建立读书会，对企业的命运、企业家的命运，乃至员工的命运，有决定性意义。

企业的读书会既可以由领导创办组织，也可以由员工自发组织。形式也不需要固定，可以根据具体需要而安排。比如，如果部门同事愿意一起读书，可以创办部门的读书会；也可以根据企业的氛围和特点，以及员工成长需要等实际情况，建立不同级别的读书会，如主管读书会、员工读书会等，这样就可以避免在读书交流的过程中，因为上下级关系，成员之间不能畅谈和真心交流，使读书会流于形式，成为另一种意义上的"报告会"。而读书会的成员，则以本企业的员工为主，有时也会邀请员工家属一起参加，让员工和家属共同学习，一起成长。这样一来，员工就能真正体会到什么是"以企为家"，产生一种归属感和信任感。

读书会要定期举办活动，每周一次、每月一次均可，固定时间，固定场所，固定联络人。每期读书会的主题既可以围绕员工当下最关注的话题展开，又可以根据员工最需解决的心理问题设定。除此之外，公司还可以不定期地举办系列读书交流活动，如邀请文化讲师到公司进行文化研讨，开设系列讲座，进行训练指导等。另外，也可以借助读书会开展捐书助学、帮助孤寡老人等公益活动。

总而言之，在企业内部举办读书会，可以促进员工养成读书习惯和积极心态，提升其文化素质和精神高度；让每一位员工都有归属感，愿意伴随企业一起成长，进而建立全新的、更为壮观的企业文化，让企业拥有真正的软实力和凝聚力。条件允许的企业，甚至可以建立企业人文行政学院。

第二节 诸方多努力，广传妙消息

在这个时代，传播对企业来说很重要，它既是企业产品触达用户的方式之一，也是企业文化积累和传承的重要途径。

一、妙用新科技，想客户所需

随着技术的发展，社会已经步入"万物皆媒"的时代。有别于传统媒体（电视、广播、报刊、户外展示等），新媒体以触手可及性、深度交互性、内容海量性、即时性、多元化和个性化为主要特征，正在成为大众传播的主要形态。新的媒体形态促使传播的思路和理念发生转变，以便不断适应人们在新时期的需求。

新媒体运营的核心是关注用户需求，注重服务细节，提供超出客户预期价值的产品，在与用户交互的过程中，通过运营数据的反馈，不断调整优化迭代。这需要运营者具备一定的大局观和整体策划能力。

用户运营方面，要借助各类媒体，尤其是新媒体的力量，告诉有需求的用户，这里有他们需要的"营养"（拉新），并通过持续互动，如每日的直播和各类培训、共同做事，将其发展成活跃用户（促活）。随着时间的推移，活跃用户在参与过程中，将慢慢分化为三个部分：一部分保持参与状态，仍是活跃用户（留存）；一部分认为活动值得深度参与，认可相应项目，成为核心用户，后期参与商业转化，同时对受众群体和新用户有示范带动作用（转化）；一部分参与度降低，慢慢成为非活跃用户，后期可能会流失。所以，用户运营流程中最主要的四个环节是：拉新、促活、留存、转化。其主要操作如下：①拉新。通过各类新媒体渠道，如微博、微信、论坛、社群等渠道进行推广，邀请用户参与体验。②促活。通过各类互动活动,如有奖问答、有奖体验等,吸引用户参与活动。③留存。跟踪用户量的变化情况,以发放福利、有奖参与、开发新功能、邀请体验等方式减少用户流失。④转化。拥有稳定的用户群之后,借助产品销售、会员充值、下载付费等方式获取收入,进行商业转化。通过以上四个环节对用户需求和使用体验的不断跟踪和迭代,有助于提升用户总量。

运营新媒体必备互联网思维,而互联网思维的核心依旧是注重人的价值,特别是用户价值。在信息海量并且趋向透明的今天,一家公司或机构所提供的产品和服务近乎一目了然,"货比货"的现象愈加不可避免。打动用户的核心在于创造真正的价值,提供能够满足用户实际需求的服务。

二、创独特价值,奉献为要义

随着时代的推进,世界越来越繁复多姿,各类新鲜事物层出不穷,因此人们的注意力很容易被各类事物吸引,进而产生各种各样的追求。这是社会进步的动力之一,"注意力经济"也由此而来,即用户注意力产生关注度,关注度带来流量,而流量是互联网经济的基础,没有流量,企业很难在互联网时代生存下来。

因此,在争夺用户注意力方面,众多企业不遗余力,可以称为一场没有硝烟的战争。当然,争夺用户注意力的不只是互联网企业,也包括传统企业。

每一个企业都要找到或创造自己的独特价值,然后围绕这个价值,建立一个完整的宣传体系,让受众顾客能有全面立体的感受,以此来吸引受众或客户的注意,希望能赢得对方的认同,甚至与对方建立情感上的联结。这需要从文化要点展开,进行深度的文化策划、推广与跨界合作。

企业还需要借助新媒体，实现个性化定制服务。网上有无数的新媒体，也有无数提供新媒体服务的平台，目前最热门的当数抖音。

抖音作为时下最流行的短视频平台，是移动互联网时代的代表。它承载了各种信息，如才艺、知识、经验、教育、生活、公共展示等，每个人都可以在这个平台上建立个人频道，上传视频展示自我，也可以在这个平台上获取自己需要的很多资讯。所以，抖音平台上的用户非常多，每天的浏览量都极大，只要你有很好的个性化的内容，人们需要你提供的东西，你就容易获得大量的关注。这意味着，各种有梦想的人，都可能在抖音平台上实现自己的梦想。比如，没钱拍大型电影或纪录片的人，可以用手机拍摄，然后上传到抖音平台上，也可能得到大量的共鸣；没资本做大型动画片的人，同样可以根据自己的情况，做出自己喜欢的作品，或是表达自己想要表达的内容，放在抖音平台上。不管有多少观众，这类平台的存在，都会让很多人敢于做梦，也能一偿所愿。有些晚年生活非常孤独的老人，也可以借助这个平台跟外界互动，分享自己的生活，分享自己的见闻，分享自己喜欢的任何东西。所以，当一个平台做得很好，也有很大的格局和愿景的时候，它就可以承载很多人的梦想，让无数人在这个平台上造梦和圆梦。

简单地说，抖音之所以能成功，也是因为它把分享和奉献放在了第一位，免费给用户提供了展示自己的平台，给社会大众带来了便利。当然，作为商业机构，抖音发展壮大的过程离不开资本的推动，但它成长起来的核心原因，仍然是创造了相应的社会价值，使得自身在所在领域成为不可或缺的存在。

反之，如果不是将奉献作为第一位，只遵从于商业规律，企业虽然也可以发展起来，但格局一般不会很大，很难成为像抖音那样受用户欢迎的平台。要成长为平台型的企业，必须敢于将机会分享给更多的人。

在奉献与分享的过程中，社会与大众会对其进行选择，看其是不是掺杂私心，是不是"居心不良"，是不是别有所图。一旦被大众选择，就要有社会责任感，要持续提供更好的产品。文化传播也是如此，要"但行好事，莫问前程"，在做事中消解小我，搭建平台，让更多人跳出最美的舞蹈。

三、故事蕴文化，沟通诸世界

讲故事是一种有效的传播方式。费希尔的叙事范式理论指出："一切传播皆叙事，故事是人类理解世界、做出判断的重要途径之一。故事是对现实的'表征'，虽然人们认为电影和电视剧里的情节是虚构的，但会认为故事中的社会背景、经验和道德是真的。故事就像一个藏有意识形态的特洛伊木马，我们对现实世界的'识'，有相当部分来自这种虚构却'真实'的象征符号。故事决定我们的价值观和世界观。"《乌合之众》一书中也写道："掌握了影响群众想象力的艺术，就掌控了统治他们的艺术。"

自我的观念、认知无时无刻不在塑造着人，而故事直接塑造或改变了人的基本认知，并形成新的认知，因此，故事直接控制着人对他人及世界的认知。道理试图描绘真相，而真相很难被描述清楚，但人心能轻易地认知故事，决定故事的又是角度，因此，世界没有绝对的"真相"，只有角度和故事。每个人都会选择自己喜欢的角度，接纳自己愿听的故事，而对于现实的无视或逃避，使得大众臣服于美好的幻想。这是故事思维制胜的社会学理论基础。

故事思维自古便被广泛应用，在世界各地的传世经典中，都能发现其存在:《论语》记录了孔子与弟子们的对话，那一个个场景，将修身、齐家、治国、平天下的儒家理念生动地表达了出来。苏格拉底也喜欢用故事来启发弟子，他认为教育的本质是唤醒人心本具的真善美，而故事远比道理更容易达成这一目的。

此外，中国古代的成语背后也是一个个小故事，如亡羊补牢、南辕北辙、坐井观天、叶公好龙、刻舟求剑等。成语凝结了古人的经验和智慧，寥寥数字便能将故事核心及背后的道理概括出来，让后人牢牢记住并予以应用，是故事思维的典型体现。

寓言也是如此，《一千零一夜》《伊索寓言》是孩子们的启蒙书，《农夫与蛇》《揠苗助长》等故事同样通过简单的情节，说明了深刻的道理。《小王子》《牧羊少年奇幻之旅》《追风筝的人》等故事书畅销世界，其中承载的温情也感动了世人。

不过，故事传播的成功典范，还是当数影视剧。影视剧贡献了大量的经典情节，也贡献了很多打动人心的台词。比如，"有一种鸟儿是关不住的，因为它的每一片羽毛都闪耀着自由的光辉。"这是《肖申克的救赎》中的一句台词，打动过很多人。直到今天，这部电影在豆瓣上仍然排名第一。它通过主人公安迪的故事，讲述了坚持、抗争、隐忍的理念，在短短两三个小时内，将复杂的人性、深刻的人生哲理讲得清清楚楚，让人感到非常震撼。

现代社会是注意力经济时代，在海量信息面前，产品（包含有形的商业产品和无形的文化产品）如何能被人一眼发现，并迅速占据用户的心智资源，是至为关键的。这要求产品或理念以新颖、奇趣、创意、形象、简洁、跌宕起伏的形式呈现，而故事正好就具有这些特点。那么，怎样在产品的设计营销（尤其是文化产品的传播）中应用故事思维呢？

首先要具备故事思维的意识。在阐述文化时，优先选择将道理故事化，将理论形象化，也就是先构思出适宜的故事框架，然后根据文化内涵添加情节，让故事变得更加饱满生动，足以将文化的核心概念形象深刻地表达出来。

其次是寻找情感的联结。道理属于逻辑，停留在意识的表层，情感则是人的深层本能。因此，寻找文化产品与大众的情感连接点，通过情感的触发，让理念进入受众的内心深处，文化就会更容易被人们所理解和接受。

最后是占领受众的认知场景。比如，想到雪漠，人们就会想到"作家雪漠和他的灯"的故事。也正是因为这个故事，我才在2022年法兰克福书展国际关注度排行榜中名列第一，超过了主宾国西班牙，取得了良好的国际传播成效。

需要注意的是，故事虽是最好的传播形式之一，但故事本身只是工具，它所体现的文化内涵，才是最终的核心竞争力。

第三节　成功之营销，传统兼创新

没有营销团队，文化就走不出去，企业也会寸步难行。而能让文化和企业走得很远的营销团队，也不能只是推销，更不能怀着单纯做生意的心。营销人员在推广产品的同时，也在传播着文化理念，当顾客认可这种理念的同时也认可了产品时，就是最好的营销。

举一个营销学课堂上的例子，有个人到一个地方去卖鞋，结果发现那儿的人都不穿鞋，他因此觉得当地没有商机，就打了退堂鼓，离开了那个地方。另一个人不相信，也去了那个地方，但他并不觉得没有人穿鞋就没有商机，反而觉得当地的商机太大了，每个人都是他的潜在客户。于是，他就在当地做起了宣传，传播一种穿鞋的文化和习惯，最后，所有不穿鞋的人都穿了鞋，这个人的企业也做得很大。注意，这就是最好的营销，因为，它用文化改变了人们的思维和生活方式。

当然，还有类似的一些案例。比如有推销员向和尚推销梳子，而且居然推销成功了。但是这个案例被某位知名大企业家狠狠地批判了，他认为这样做有违诚信道德。因为把别人根本不需要的东西卖给他，是一种欺骗。那么，他说得对不对呢？具体问题具体分析。这就要看我们能不能区分引诱客户需求和创造客户需求的区别了。如果你把梳子哄骗着卖给一个和尚，回头他又没用上，放在一边浪费了，而且还引起了他的不满。这种推销就是没有正面意义的，浪费了商品价值，更摧毁了客户价值。但如果你能给和尚一个使用梳子的全新途径——不必用来梳头发，用来按摩头皮或者其他穴位，而且和尚真的用得很开心。那这个推销就是成功地创造了客户的需求，当然也就不是欺骗式营销了。

所以，营销不再局限于传统的满足客户需求，更不是引诱欺骗客户的需求，而是要创造客户的需求——真正有价值有意义的需求，能够给客户带来好的体验，这种营销思维是我们鼓励的。因为它运用的是智慧和爱心，而不是私心和心机。

中国企业需要这种思维，需要打造懂文化的营销团队，并且需要明白这支团队的重要性——真正的营销团队都是靠文化来营销的，并不单纯靠产品的功能。这个理念，是企业文化的深层基础。

一、最佳说服力，修养为其基

成功的营销，不仅与产品本身有关，也和个人因素密切相关。很多做事上的成功，归根到底，都可以说是做人的成功。一个人只有兼备良好的修养和精湛的专业技能，才能把事情真正做好做大。儒家文化提倡修身、齐家、治国、平天下，也是这个道理，先要做到修身，才能一步步成长，最后治国平天下。

因此，营销人员最好能参照以下几方面内容，提升自己的综合素质。

（一）形象与气质

营销人员必须注意形象仪表，并不是说要穿得多么豪华、隆重，而是指穿着要得体大方、干净整洁。良好的仪表仪容，是有序的内心世界以及认真做事态度的反映，没有人会相信一个邋里邋遢的人所推销的东西。

另外，一定要自信，有了自信，即使外在形象非常普通，也能散发出不一样的气息，吸引和感染自己所接触的人。所以，对营销人员来说，自信是第一位的。

那么如何自信呢？相信自己传播的产品是好东西，它承载的文化也是好东西，而且相信自己能做好营销和传播工作。有了这种信心，做事时才会有底气。

当然，不只是对营销人员，自信对任何人都很重要。我之所以格外强调营销人员要有自信，是因为他们直接对接客户，相当于企业文化的第一扇窗，他们如果没有底气，不相信文化的价值或者自己的能力，跟客户接触时就会缺乏底气，这种心虚会直接从他们的神态、动作和细微表情中反映出来，掩饰不了。相反，自信的人内心散发出的那种确定感，也会从神态、动作和细微表情中反映出来，同样无法掩饰。客户在接收到这个信号的时候，就会在潜意识里对你产生好奇，想要了解你的自信源于何处，你推荐的东西是不是真的这么好。所以，自信的人，胜算比没有自信的人要高很多。

自信是渗透在每一个微小细节里的。形象和气质也是，有可能是你说话时的一个表情，有可能是你坐着时一个细微的姿态，更有可能是你在时间上的安排。所有细节都在构成别人对你的印象。关于这方面内容，可以看看《细节决定成败》，那本书讲得很有道理，可以参考。

我们要牢牢记住，人是在细节里塑造自己的，细节塑造是否成功，直接决定了做人做事的成功与否，有时，甚至可以决定一个人的命运。比如，拜访对方时，应该提前约好时间、地点，去的时候可以带上小礼品；不能迟到，也不要到得太早，过于早到，会打扰对方，或者打乱对方的时间安排；穿着也要根据自己所去的场合，进行适当调整。从很多细节上，对方都能感受到你是否真诚，是否有教养，是否有文化涵养，是否有诚心和他合作，是否尊重他。

很多真正成功的人往往都非常注重细节，他们事无巨细都能想到，无论做什么事，都会滴水不漏，让人非常舒服。这也是心思缜密的体现。

虽然心思过于缜密也不好，容易带来烦恼，但适当地三思是必要的。过于无拘无束的人，往往会因为不拘小节而承受非议，失去一部分人的信任和支持。所以，担当了一些责任的人，尤其是代表企业面对外界的员工，必须适当地三思，这代表了一份对企业的责任，当然也是一种对自己的要求。我说过，文明和文化都是一种对人性的约束，有约束，有节制，才能明道与合道。

（二）说话之道

说话是门艺术，说服别人接受我们的产品及文化，更是艺术中的艺术。营销人员平时就要训练自己，既要说得适当，又要说到点子上，更要说到对方心里。

对接客户的需求方面。要训练自己的"瞄准"能力，迅速找到客户的需求，包括价值的对接点，不要自说自话，否则就会出现一种非常尴尬的局面：你滔滔不绝地介绍了很久，客户却提不起兴趣。所以，不能光说自己想表达的，要站在对方的立场，想象一下对方需要什么，对从未接触过的产品，最想知道的会是什么。这不仅需要训练沟通能力，还要有严密的逻辑思维能力，并且必须提前了解客户，才可能准确判断客户的需求。因此，要提前做足准备工作，让自己胸有成竹，临场发挥时，才能随机应变，切中客户所需。

关于黄金一刻钟原则。销售行业有一个"黄金一刻钟原则"，它的意思是，洽谈最关键的时间段是前十五分钟，因此一定要在最初的十至十五分钟内，将核心内容介绍清楚。之后，如果时间宽裕，或客户感兴趣，想要进一步了解更多的内容，再深入展开谈话，或者聊些其他话题。之所以必须控制在这个时间段内，一是因为人在谈话时，需要高度集中注意力，而注意力最容易保持的时间，只有十几分钟，如果在这个时间段内，对方对谈话内容不感兴趣，注意力就会逐渐减弱；二是为了预防对方临时有事离场，来不及切入正题。因此，推广产品时，语言务必精炼，表达务必清晰，这需要训练有效组织语言的能力。"黄金一刻钟"的本质就是保持高度专注，以保证对话的有效性。在交谈的过程中，要高度集中注意力，最忌讳的就是注意力涣散，这样既会给对方留下不尊重他的恶劣印象，又无法捕捉到对方的需求点，那么谈话就注定会失败。

把握说话的度。营销人员会面对形形色色的客户，也会接触认知不同的人。在交谈时，要注意说话的分寸，明白什么话该说，什么话不该说。当然，不仅是销售中需要注意说话的度，生活中我们也应该注意说话的度，要做到口吐莲花，让别人感到愉悦和舒服。这不是说做人要懂得阿谀奉承，而是指要吸收书中的智慧，然后化为妙用，明白如何能让别人把自己的话听进去。假如你掌握了说话的度，说出的话他人一听便感到欢喜，那么对方自然会认可你推销的产品和文化。

（三）及时反思总结

要有一个这样的概念：每一个客户都是我们的教练，我们要通过他们来训练自己，让自己成长。所以，拜访完客户后，一定要总结，而且既要总结自己是否有不当之处，比如自己的坐姿、手势、语言表达等，还要反思自己如何做或许更好。总结是非常好的行为，它相当于人生的纠错本和反省簿，有了它，你就能发现自己的不当，并且立即改正。因此，只要懂得总结，你每谈判一次就会成长一点，这样你的成长速度就会很快。如果不总结，错犯过了就忘，成长的速度是很慢的。

当然，总结不能仅仅停留在思想层面，还要落实到行为之中，并且要持之以恒。比如对客户进行回访，建立客户档案，对客户做进一步分析等。所以拜访完客户不代表就完事了，还有很多后续工作需要细致地跟进执行。

（四）持续"充电"

想要做好推广营销工作，就需要持续地学习营销领域内的专业理论与知识，并且在实践中应用这些知识，将它们变成自己的经验和智慧。同时，以每一次的实践，来检验自己的理论储备，并不断更新。

（五）修炼智慧

虽然上面说了很多，但大多是方向性的建议，真正推广时，会面临很多不确定的因素，如不同的客户、不同的环境、各种突发状况等，想要尽量完美地解决这些问题，就要有很好的临场应变能力。这种能力别人教不来，光靠听闻也学不会，只有不断提升自己，修炼智慧，在生活中不断练习，才能做到。

二、打破旧思路，客户成伙伴

文化就像太阳，人则是太阳的光芒。如果没有人，文化就无法得到实践、印证、传播和传承。对于企业来说，能为我所用的人，能给企业带来创意与合力的人，不只有自己的员工，还有客户。今天的网络时代，客户已经不再是单纯的购买者了，在某种程度上还可能是企业的参与者，甚至合伙人。

（一）让客户参与到产品中来

前段时间，我看到一个很有趣的商业案例。中国南方某城市有个不大的企业，专门生产各种伞。伞的功能就那么几种，遮阳的，遮雨的，还有一些装饰用的。想要再做一些创新是不容易的。没想到，在企业主开了直播卖伞之后，企业迎来了一个"小春天"。因为这个企业主特别"听劝"，直播间里的网友们提出了很多奇奇怪怪的建议，有的说要彩虹色的，有的说要能发光的，有的说要能在里面装东西的，还有的说可以当作防身武器用的，等等，千奇百怪，五花八门。企业主真的听进去了，把网友们的设想，竟然都变成了现实，一下子吸引了更多的人购买。与其说，是这个企业主满足了他们新奇的、个性化的需要，不如说，是这个企业主满足了他们的创造梦想，让他们感受到了自己的价值。如果你的美妙创意，都有人能为你制造出来，你是不是感觉自己的想法很有价值？

毕竟人真正的价值感，其实就在于创造。谁不想像神仙那样，说要有光，于是就有了光？所以，已经有很多智慧的企业，开始认识到，帮助客户实现他们的创造性价值感，对于企业来说，比成功说服客户买自己的产品，更有收益，更有可持续发展的意义。

你也可以说，这是一种个人定制服务。定制服务早已有之，但毕竟属于少数人。从古代的权贵阶层定制到现今的财富阶层定制，对于大众来说，毕竟是为一小部分群体提供服务的。网络时代是不一样的，在网络时代，每个人都是一个自媒体，每一个人都能成为一个小世界，并且，每个人都渴望成为有独一无二价值的个体。所以，定制服务将来的市场，一定是大众的，而不是小群体的。怎样将定制服务从小众化变为大众化呢？原本，这个问题很有难度，但在网络时代，就有了很大的可能性。关键在于你够不够开放。

人工智能时代，为个人设计个性化的服务方案，并不会占用很多资源。让客户参与到产品的设计和生产中来，也不再是难事。小到一个个性化的生活用具，大到一个家庭或者公司的整体家装设计，都能采用让客户参与创造的形式，既可以提升产品和服务的价值，又能满足客户的价值感需求，而且能够让客户产生黏度，有可能成为终生客户。

（二）让客户参与到营销中来

以往也有靠客户带口碑的营销方式，较为随机灵活，没有可复制的流程。一般是因为企业的产品质量好，客户会在自己的"小圈子"里有意无意地宣传。有的是因为企业有自己的文化，客户宣传时不仅可以宣传产品，还可以宣传企业文化。这些都属于自发式的、不可控的传播。

（三）把客户变成合伙人

如何让客户真正进入企业的营销环节，发挥更大的作用？目前，比较好的方式就是把客户变成合伙人。只要客户认可企业的产品，熟知企业的文化，就可以成为企业伸向社会的一只触角。由这只触角去寻找市场，去传播企业产品和文化。当然，企业也要给客户足够的利益。准确地说，不是企业给客户利益，而是客户自己去开拓市场，从更多的客户那里，获得收益。企业为客户提供平台，提供产品和服务政策，提供必要的培训和指导，市场则由客户主动去获取。企业对客户的控制性比较弱，是一个母体的角色，而不是指挥者角色。这只触角的规模，可以由客户自己决定，根据自身情况调整，一两个人也行，七八个人也行，当然，团队的力量会更大一些。

把客户变成合伙人，并不是任何人都能达成这种转变。对于客户，企业几乎无需遴选，只要产生购买行为的就是客户。但是对于合伙人，虽然企业对他们也没有过多的掌控，但基本的共识必须有。既然是希望能长久合作的合伙人，那么，除了利益上的关联，最根本的就是文化上的共融。合伙人对于企业的文化，必须是熟悉且认同的。因为在开拓市场的时候，他们不仅仅在卖产品，更多的是在传播企业文化。所以，如果要对合伙人设置什么门槛的话，除了有创意、有能力，最重要的就是"有文化"了——能够代表企业文化，能够不走样地传播好企业文化。

第四节　常怀利他心，恒有济世行

老子说："天之道，损有余而补不足。人之道，则不然，损不足以奉有余。"这个世界，没有绝对的均等，但有大道的规律。大道的规律使一切趋向平衡，以保生生不息；一旦失衡，一切推倒重来。人类世界的物质范畴也好，思想范畴也罢，都在这个规律之中。所以，道的智慧何以那样重要，从此处就能体现出来。作为大道的造物，人的最初本性，应该与道合一，遵循大道规律，"损有余而补不足"，却因后天欲望遮蔽初心，与道相悖，"损不足以奉有余"。这样一来，势必打破平衡，开启循环往复的更替轮回——权力的轮回，金钱的轮回，境遇的轮回，等等。

人类的爱心，既是出于本性，也是大道之属性。不用去追问凭什么去爱，凭什么去利他，凭什么要慈悲济天下，这是本性，也可以说是大道的规律使然。不这么做，一切都将无以为继，不复存在。

虽说上述解释，有点像冰冷的程序说明，但它确实就是真相。当然，我们的老祖宗很有智慧，他们用了更为善巧的语言，激发了人心中本有的善。"爱出者爱返，福往者福来"，付出与回报、得与失原本就是一体的，爱人即爱己，利他即利己。

一、福往者福来，富足之奥秘

对于企业来说，追求利润，只完成了企业持续生存的一半保障，另一半保障是做慈善。也就是说，企业不但要挣钱，有一套有效的经营模式，同时，也要建立一种税收之外的、能助益社会的慈善模式。注意，税收是企业贡献社会的必备手段，也是企业理所当然的义务，除此之外，企业还必须建立一种规范的慈善模式，让它变成企业文化的一部分。因为，慈善是没有任何认知门槛的，它可以让你的企业迅速在社会上赢得信任和尊重。

当然，慈善的方式有很多种，不一定非要全部用金钱，文化慈善、公益讲座、爱心互助等，甚至只是一句鼓励的话，一个微笑，或是一次善意的分享，都属于慈善。慈善指的是一种心态，一种情怀，不需要拘泥于形式和规模。最好的慈善，就是智慧分享，分享承载道的好书，转发承载道的好文章，这些都属于慈善。因为智慧可以治愚，甚至有可能改变命运。

在中国历史上，家族、宗族都有慈善传统，救病济世是其最基本的义务。而世世代代履行这一义务的家族，一般都会家运亨通，绵延久远。

中国有几个大家族的家风都很好，一是孔家，二是范家，三是曾家。孔家就是孔子的家族，范家是范仲淹的家族，曾家则是曾国藩的家族。现在有很多人都在学习曾国藩的治家理念，就是因为曾家一直人才辈出。

相对于曾家，孔家的历史要悠久得多，足足有两千多年。但直到今天，孔家子孙依然传承着孔子建立的家庭文化，孔家的脉络也一直很清晰，每一代出过什么人，都有文字记录。而且，直到今天，孔家还是大族，孔家子孙仍然受人尊重。这些都是福报的表现。孔子对中国的贡献太大了，中华民族的振兴、稳定和繁荣，跟孔子创立的儒家文化有很大的关系。

范家的历史也很久远，至今仍然很兴盛，其子孙同样一直传承着范仲淹建立的家庭文化。其中最为我们所熟知的，就是"先天下之忧而忧，后天下之乐而乐"，意思是，在天下人忧虑之前，他就开始为天下人担忧；在天下人得到快乐之后，他才会感到快乐。在他的生命中，这不是一句口号，也不是一个道德规范，而是一种生活方式，他就是这样活着的。自始至终，他都不贪图利益，只想为老百姓做事，甚至能放弃很多唾手可得、旁人趋之若鹜的利益，用它们来造福百姓。

据说范仲淹小时候家里非常穷，只能借住在一个寺院里，他常常自己煮些小米粥，等粥凉了之后，就把结成块的粥用刀切成四块，早上吃两块，晚上吃两块，其他时间全都用来读书。但即便在这样的境况下，他在寺院里发现一坛黄金时，也只是把它原封不动地埋了起来。后来他当了宰相，这个寺院的住持来找他，希望他能捐点钱来修寺院时，他就告诉住持，寺里的某某地方有一坛黄金，您把它挖出来，就有钱修寺院了啊。住持问他，你怎么知道寺院里埋了黄金？他就跟住持说了当年的那件事。住持回到寺院之后，真的在他说的地方挖出了黄金，然后把寺院好好地修建了一番。

范仲淹的工资不高，又为官清廉，从不贪污受贿，所以不算富有，但每个月发了工资，都会买很多大米和小米，熬粥给吃不上饭的老百姓喝。他对老百姓非常好，而且他的好不是自己过好了，再去为老百姓着想,而是完全不考虑自己,一心希望老百姓能过得好一些,完全不觉得自己舍弃了什么利益,只觉得这是理所当然的事情。这也是一种无我。

范仲淹还十分崇文重教,有一个他在苏州建学堂的故事广为流传,以前我也讲过:1035年,到苏州担任知州不久的范仲淹看中了一块地,准备买来建宅居住。当时有位著名的风水先生得知后对他说,这是块风水宝地,只要把家安在那里,必定子孙兴旺,卿相不断,有享不尽的荣华富贵。但范仲淹虽然相信他,也买了那块地,却没有在那里安家,而是在那里建了一所学校,让当地的孩子们免费去那里读书。为什么?因为他觉得这块地既然这么好,就不能自己独享,一定要分享给别人,让老百姓也能交上好运,有一个改变命运的机会,同时为国家多培养一些人才。后来,据说那所学校培养的学生中,果然有很多人考取了功名。你想一想,如果他的子孙能把这种家风传承下去,他的家族怎么会不兴盛呢?

我们知道,很多企业都是在家族企业的基础上发展起来的。所以,企业在公益事业上加大力度,是一种有益而无害的举措。很多企业——尤其是大型企业——都会在广告方面投入大量资金,但广告能为企业带来的利益,恐怕远远不如慈善事业。因为,慈善事业能让社会获益,让老百姓获益,很多人会因此对企业产生好感和信赖感,并且主动去了解和宣传企业的产品与服务,广告却不一定能做到这一点。所以,做慈善看起来是一种单方面的付出,实际上是企业和社会的共赢,即使不谈爱心和道德,光从利益的角度看,有大见识的企业家也不应该拒绝做慈善。

二、爱出者爱返,利他即利己

我们常说,真正的富足和幸福,是心的富足与幸福。基于这个理念,在打造出承载文化造福大众的产品之后,我们更要怀着无我的大爱尽力做好服务,不断升级和优化用户体验。

我一直强调,雪漠成功的秘密之一是对读者无我的爱。这种爱不仅见于文字,闻于耳畔,更体现在我与团队实打实的服务行动中。

正如《礼记·中庸》中所言,"致广大而尽精微"。我们在有了文化大愿与先进而广阔的平台之后,更要把行履落到实处。

常言说,一日之计在于晨。把握了清晨,也就拥有了一天。清晨,万物苏醒,生机盎然,一切重新开始,犹如初心。好的心情,是缘起,一天里都元气满满,自信多多!

对于一个正处于创作顶峰的作家来说,早上的时间是极为珍贵的。但近四年以来,我坚持每天早晨五点在拼多多"雪漠之约"直播间与大家相聚,带领读者读好书,分享好书。其原因有多种,一是保留一些资料放入日记;二是结交新朋友,会会老朋友;三是分享昨日与近来的一些感悟,与大家一起学习,一起成长。现在,每天清晨五点,很多读者和粉丝便涌入"雪漠之约"直播间,第一时间与我在线互动,交流读书心得及聊聊心事。当我们的灵魂孤独时,读书能给我们一种精神的慰藉。读书是最好的沟通方式。所以,我总是将我的爱、我的真诚、我的期许、我的祝福,都融入我的文字和分享之中,以此来和读者搭建起一座心与心的桥梁。

很多读者反馈说,能体悟到雪漠老师的那颗大爱之心,那颗父母般的良苦用心。从我五点早直播以后,很多人都慢慢学会了早起,不再赖床了,也少了很多"起床气",变得朝气蓬勃,阳气十足,整整一天都充满了吉祥和快乐。所以,有人说,任何想要成功的人,先做到早起再说,这是成长的基本素质。

从刚开始直播到现在,我们一直很敬业、很尽心,每天都在思考怎么把直播做得更好，也变得越来越专业。不仅给读者朋友们分享很好的作品，更是在提供温暖、陪伴、安慰、祝福、学习、成长等无价的附加值。

除了日常在网络平台上服务广大读者朋友们，我在线下课程与书展论坛签售等活动中，都尽量满足读者的心愿，如题词祝福、合影留念等。每一次现场活动，我都会留下完整的联系方式并面对面建群，方便与读者后续的交流，以及共同学习成长。

第五章
势——企业御风之气

物形之,势成之。是以万物莫不尊道而贵德。

——《道德经》第五十一章

一个人真正的成功，是需要大势的，没有势，人不可能成功。那么势是怎么来的？从合道的德行中来。我经常开玩笑地说，就算雪漠现在穷困潦倒，一分钱都没有，赤身裸体地流落街头，只要能有一块布遮羞，也仍然是雪漠。为什么？因为我无求地帮助了很多人，照亮了很多读者，所以会有一些人认可我，愿意帮我，这就是我成功的势。同样，有些人在德行上已经成功了，这时，哪怕他们没有钱和地位也不要紧，过不了多久，他们一定会获得成功，因为他们已经合道了，合道必然多助，必然会得到世界的认可、尊重和支援。他们的价值不需要金钱或其他东西去体现，他们的言行自然会体现自己的价值，他们做的事也会体现他们的价值，甚至，他们的存在本身就是价值。因为他们承载了道，他们已经不需要依靠世界了，世界反而需要依靠他们。

势是一种无形的能量，对于客体来说，它意味着一定的时间、一定的位置；对于主体来说，它意味着一个人或者一个团体对这个时与位的感知力与把控力。人们常说，只要站在风口，一头猪也能飞起来。这个风口就是势；这头猪有能力找准风口，在恰当的时间站在那里，也是一种势；它被风吹得飞起来，也形成了一种势。

——

第一节　审时明势应变化

势是一种客观存在，是一种蕴藏在天地人之中的能量，标示着人与万事万物发展的形势、态势、趋势。古语言："不知势，无以为人也。"（薛居正《势胜学》）认清时势者，皆成英雄。成大事者，须心明眼亮，看清大势，把握规律，确定立场，才能立于不败之地。智慧之人，远观天下大势，近看眼前局势。身处变动不居的时代环境，面对复杂多变的内外形势，无论是企业的生存、发展还是传承，都离不开对势的认知与把握。

《易经》是最讲究时与位的，或者说，其根本要诀也就在时与位。为什么会有那么多的变化？就在于是否得其时、当其位。《易传·艮卦》所讲："时止则止，时行则行，动静不失其时，其道光明。"动静行止只有适应时势发展，才能有光明的前景。

一、审势明变化，知得失进退

智者审察时势，知道变化的必然性，明白自己的一点小执着很快就会过去，一切都在变化。马克思主义认为世界是物质的，物质是变化的，所以世界是变化的。人不可能两次踏入同一条河流，第二次踏入河流之前，第一次踏入的河流就已经消失了，因为它在不断地变化着。同样道理，你也不能两次见到同一个雪漠，因为雪漠也在不断变化着，过去的雪漠消失了，取而代之的是新的雪漠，因为雪漠的想法在改变，细胞也在生生灭灭地变化着。

任何人都是这样，所以，不要把过去的自己看得太实在。如果将比较的眼光放得远一点，你会发现自己早就不是过去的自己了，无论肉体还是精神都是这样。比如，你过去不知道雪漠是谁，也不知道雪漠在书里写了什么，对雪漠可能有诸多的猜测和好奇，但你现在知道了，因为你读了这本书，走进了雪漠的内心世界，所以你再也不是之前那个对我充满揣测的你了。当然，我也在变化着，写《大漠祭》时的我，肯定不是现在的我，否则我的作品不可能每一部都不一样。但有一个东西是不变的，那就是老子所说的大道智慧，有些读者觉得我书中的一些内容很熟悉，就是这个原因。万法不离其宗，如果离了，就说明它不是真正的宗。

明白变化的必然性之后，就会知道自己何时该进，何时该退。"沧浪之水清兮，可以濯我缨。沧浪之水浊兮，可以濯我足"（《沧浪歌》），就是这个意思。明白变化，进退得度，就是智者，"穷则独善其身，达则兼济天下"（黎贞《衡窝吟》）和"不为良相，便为良医"，表达的都是这个意思。无论是圣人还是过去的读书人，都是应时而变，但大愿不变。

相较于其他团体和组织，企业可能是变化最剧烈的一种。据相关报道，世界500强企业的平均寿命约为四十年，中国大企业的平均寿命约为十年，小企业的平均寿命为两年半到三年。这说明了什么？企业就像是大海上的水泡一般，起起伏伏，生生灭灭。这种变化的节奏太快了，很短的时间里，一个企业就走过了成住坏空的一生。很多企业的境遇就像我写的短篇小说《凛冬将至》里的"花大姐"。这种虫子会在秋冬来临之时，拼命地往我的房间里挤，想尽一切办法，找到一个相对温暖的地方。但最终，还是没有挨过寒冷的冬天。很多企业就是在外部环境的"凛冬"来临时，死在了气温的剧变中。

我们还能不重视大势的改变吗？在风云突变的汪洋大海上，任何一场风雨，都会导致企业之舟的覆灭。难道我们不需要增强自己对大势的预知和把握能力吗？不需要增强自己顺应风浪的能力吗？

二、知与时俱进，有选择之能

一直活得很好的企业，都有一种"超能力"：有洞察未来的敏锐眼光，有杀死自己敢于重生的勇气，有变色龙的灵活。我们的历史给我们提供了厚厚的经验指南，也提供了很多避坑的现身说法。从历史中，我们永远可以汲取到经验教训。

圣人不是食古不化的，他懂得与时俱进，永远不会在现代舞台上穿古代的服装，像僵尸一样跳舞，否则他不但什么都做不到，还会沦为笑柄。袁世凯不就是这样吗？世界早就不是专制帝制的天下了，他却还想复辟帝制，多么愚蠢。最后，他确实当了八十三天皇帝，但随即就被迫取消帝制。到头来，该前进的还是前进了，该过去的也仍然过去了，他只是背上了"窃国大盗"的坏名声而已。他就是典型的不知不明，不懂与时俱进，智者不会这样行事。

范蠡，春秋时期越国的重要谋士。越国被吴国打败后，范蠡全力辅佐越王勾践卧薪尝胆。他深知此时越国若要复仇，必须忍辱负重，所以他与勾践一同在吴国为奴三年。在此期间，范蠡默默等待时机，不进行无谓的反抗，因为他明白越国当时国力衰微，绝不能再与吴国发生正面冲突。后来，范蠡助力越王勾践成功复国，越国国力日益强盛。勾践欲对范蠡进行封赏，然而范蠡深知"飞鸟尽，良弓藏；狡兔死，走狗烹"的道理，于是选择功成身退。他毅然放弃荣华富贵，离开越国，泛舟五湖。最终，范蠡通过经商成为富甲一方的陶朱公，得以安享晚年。

所以，智者是有选择的，他知道什么该做什么不该做，知道什么时候该做什么，不会逆水行舟。虽然这看起来有点像是随波逐流，但不改智者之乐和智者之明。李白在《朝发白帝城》中写道："两岸猿声啼不住，轻舟已过万重山。"智者就是那越过万重山的轻舟。轻舟会顺着长江水一直前进，智者也是这样，他会逍遥自得地泛舟于江上，观赏沿途美景，绝不会跳进水里试图逆流而上。因为他知道，一旦逆流而上，就会被拍碎在礁石上，无一例外。

金圣叹当年就是这样，他明知当时的局势，却依然召集那么多儒生，在孔庙里哭庙，结果就被斩首。我虽然很为他感到心酸和可惜，却也知道这是他自己选择的结局。不管在什么时代，逆势而为者都会头破血流，少有例外。

所以，有些创业者虽有一腔热血，总想实现伟大的抱负，最后却不一定能壮志得酬。每年有多少创业者进入创业大军的潮流，但是能成功的有几个？某位知名企业家说，创业不成功才是正常的，创业成功是特例，是少数。成功的人胜在哪里？当然不排除运气的成分，但运气大多数时候只光顾有准备、有实力的人。成功者除了运气和实力，还要有智慧。他们知道什么时候该进，什么时候该退，懂得知止不是懦弱退缩，而是相应条件下最好的选择。他们会与时俱进，懂得时代需要什么，懂得自己能为他人提供什么。并且没有强烈的功利心，他们更可能只是在做自己热爱的事情，投入其中，享受做事。这时，他们的创业，就会与大势合拍，与自己的生命热情合拍，真正地成为一个立得住的人。因为，他们把梦想、爱好和职业结合在一起，在快乐中成功。我们要做这样的人，不要把鲁莽盲目当成勇敢和责任。

因此，在企业创立、发展与传承的过程中，运用大道智慧审时明势，在变化中做出及时正确的选择与决策，是至关重要的。

第二节　借势顺势生大力

老子说："道生之，德畜之，物形之，势成之。"人和事最后能否成功，都取决于势。这个字给人的直观感觉，就有一种力量感。那么它的力量感是从哪里来的呢？

我们不妨稍微"考古"一下。势，古字作"埶"，字形从"坴"从

"丸"，"𡉲"为高土墩，"丸"为圆球，字面意象是，圆球处于土墩的斜面即将滚落。这个字的画面感非常强烈，一个圆球从斜坡上滚下来，那种态势，有一种不可阻挡的力量感，这就是势。《孙子兵法》所说的"转圆石于千仞之山者，势"，就是对这个画面的形象注解。从中，我们也可以了解到势的特点：一是不可阻挡，因为圆球必定下落；二是有加速度，因为圆球从斜面上滚下，势必越来越快；三是力量很大，因为有加速度的存在。而且，如果有一种外力来助推这个圆球，那么它的势将会更大。也就是说，势可以汇聚增强。

现在，我们再看日常生活中与势有关的词语，比如局势、形势、态势、姿势、情势、水势、火势、风势、伤势、时势、运势、走势、涨势、跌势等，它们很明显地代表了一种既成事实或者演变趋向；又比如权势、地势、山势、势力等，它们很明显地代表了一种影响力。当我们从这两个角度看势的时候，就会发现它其实并不神秘。虽说它是一种无形的能量，但是我们能看到有形事物的变化，能感受到某些人和事物的影响力，这样，我们就可以看到势，不会再处于云山雾罩中。看到势，才能很好地运用势，或者借势，或者顺势，或者助势，甚至可以造势。

在企业的经营管理过程中，如果能够顺势借势，则可以为企业带来稳步运营基础上的加速度发展。

一、时至而行道，顺机而动身

时机到了就马上行动，时机不到就积攒资粮蓄势待发。老子就是这样。他为什么要去函谷关？因为时机到了。他为什么不去孔子和少正卯讲学的地方讲课？因为时机不到。去函谷关的时机到了，他就能留下《道德经》的五千言；如果他去了孔子和少正卯讲学的地方，也许孔子和少正卯就会把他当成对手，他就不一定有机会留下《道德经》了。

真会这样吗？是的，因为这是人性。你只要好好研究一下中国历史，就会发现人性是做事必须考虑的一个要素。只要做事，只要跟社会发生关系，就要面对人性所造成的种种境遇。

有时，这些境遇是很让人感动的，比如老渔翁为了让伍子胥安心不惜自杀。不过，有时的境遇，也会让人慨叹，比如越王勾践不念旧恩处死文种……这样的故事太多了，任何一个现象背后，都隐藏着复杂的人性，如果不懂人性，在红尘中做事就会寸步难行。所以，老子的智慧非常重要，任何人只要熟悉历史、洞悉人性、掌握大道智慧，就会真正理解老子。

在当下的时代，爱与安全感的紧缺是一个重要的社会问题，它会带来一系列心理问题，比如焦虑、抑郁，或者暴力倾向，这些都是心理失衡之后的过度反应。

为什么会出现这种现象？理由很多：诸如竞争的压力，生存的压力，还有过分依赖电子产品对人的精神健康造成的危害，等等。随着社会的快速发展和变革，人们面临越来越多的挑战和压力。竞争激烈的职场、不断变化的社会规则、高期望值和快节奏的生活，都会使现代人感到力不从心，难以找到真正的满足感和成就感。同时，在现代社会中，人们越来越依赖虚拟社交和网络交流，导致真实的人际关系变得疏离和表面化。缺乏深入的人际交往和信任，使得人们难以建立稳定、支持性的社交网络，从而增加了孤独感和不安全感。

在多元化的社会中，人们面临着各种价值观的冲突和选择。传统的价值观与现代观念、个人理想与现实压力之间的矛盾，使得很多人感到迷茫和不安。他们可能不知道自己真正想要的是什么，也无法找到明确的生活目标和意义。而现代社会往往强调物质追求和外在成功，导致很多人过度关注物质利益，忽视了内心的需求和成长。当物质需求得到满足后，他们可能发现内心依然空虚，缺乏真正的幸福感和满足感。现代社会对心理健康问题的认识和关注仍然不足。很多人可能面临焦虑、抑郁等心理问题，但由于缺乏正确的认识和有效的支持，他们往往无法有效应对，从而加剧了空虚和不安全感。

总之，我们进入了一个心理健康问题愈发被重视，也愈发需要被重视的全新时代，同时也是传统文化需要重新被解读，其意义需要重新被看见的时代。在这个时代，情绪价值成为消费环节中一个重要的考量向度：能让我感受到情绪的舒缓或者放松，愉悦或者疗愈，我就愿意付出时间、为爱买单。能够提供情绪价值的创业者，将会获得更多的市场机会；优秀的喜剧、脱口秀节目更容易大受欢迎，票房收入容易屡创新高；励志演讲家也可以获得大量的追捧，千万粉丝博主大多是能提供情绪价值的高手。

当然，情绪价值也分很多种，表层的幽默和诙谐，仍然是一种表面化的情绪价值。随着社会的发展，人们对情绪价值的要求也会越来越高，将不再满足于低层次的幽默，而需要一种能触发内心深刻感受的情绪价值。《肖申克的救赎》就是这样，它之所以一直很受欢迎，就是因为它提供了强大的情绪价值。儒释道文化之所以能传承千年，更是因为它们提供了照亮灵魂、改变人生的情绪价值。

近年来出现的回归田园的风潮，同样源于人们对情绪价值的追求。这既跟目前各种媒体的倡导有关，也跟现代人的心灵需求有关。上面所说的各种共有情绪对人们心灵的占据和挤压，已经形成了一种巨大的氛围，在这种氛围的笼罩下，大部分人都很难超脱而成为快乐自在的个体。于是，人们会向往简单淳朴的田园生活，向往脱离都市喧嚣后的心与心的自然交流。这些都是都市人非常需要的情绪价值。简言之，都市人需要开启内心最淳朴自然的情感，需要清除内心的情绪垃圾，需要一片像乡村的天空那样明净的心灵环境。

人对心灵和精神的追求，包括对信仰和文化的追求，几乎都是源于对情绪价值的追求。而物质越是丰富，社会节奏越快，社会压力越大，这种追求就会越强烈。能够提供巨大情绪价值的，能为人们所理解和认可的产品，尤其是文化产品，无疑是所有人类都需要的。我的小说在西方世界得到大量认可，也许就是这个原因。

企业家和作家在某些层面是共通的，例如创造性，以及与世界和他人的联结性。作家创造人们需要的作品，企业家提供人们需要的产品和服务。作家的作品源于生活，高于生活，又归于生活，要想引起人们的共鸣，他就要抵达人心，触摸到世界的脉搏。企业家的产品和服务更是与人们的生活紧密相关，或是满足需要，或是引导创造需要，做得好的企业，都会给人们一个更美好的世界蓝图。现在的通信企业、无人机企业、电车企业、互联网体验企业等，都在引导一种未来生活的潮流，它们看到了未来的机遇，看到了那股势，所以顺应而行，自然能够顺风顺水，有广阔的前景。

二、好风凭借力，鲲一变为鹏

《归舟》云："大舸中流下，青山两岸移。"大自然有自己的发展规律，人作为自然的一部分，也必须遵循天地之间的规则，才可能得到天时地利人和，成就自己。所有能在人世间获得成功的人，大多沉得住气，能够等待时机，顺势而起。

从小不受待见的刘邦，因为不务正业，被任职为同样不被重视的泗水亭长，可恰好，这份差事让刘邦有了押送徒役去阿房宫的机会。当时，秦王暴政，大肆滥杀，许多徒役在途中逃跑，刘邦以为自己会被治罪，便破罐子破摔，将剩下的徒役全部放了。而徒役们为了报答他，决定跟随他，他便有了许多随从。当时他本没有打算起义，但当晚发生的一件怪事，让他看到了起义的机缘——那晚，醉得迷迷糊糊的刘邦被一条蛇挡住去路，就拔起剑将其砍成两半，谁想第二天便有随从告诉他，有一位老妇哭诉，说自己的孩子是白帝之子，化为蛇，被赤帝之子杀了。赤帝就是炎帝，这等于说刘邦是天选之子。我们都知道，刘邦后来确实建立了汉朝，但在当时，这件事对刘邦来说，更多的是一个起事的机缘，于是他便借机建立自己的势力，招兵买马。最终，趁着各处起义，顺利入关成为汉王。

《吕氏春秋》中说："君子谋时而动，顺势而为。"顺势者，就像顺流而下的小船，自然能轻松快乐地远航；逆势者，就像在乱石密布的浅滩中航行，动辄就有触礁沉没的危险。所以，在机缘不齐备的情况下勉强弥补短板，远不如发现自己的优势，做自己喜欢也擅长的事，这样不但事情容易成功，生活也会更加充实。

《书苑》曰："鱼乘于水，鸟乘于风，草木乘于时。"鱼在水中游，鸟御风飞翔，草木也会随着季节气候的变换而枯荣。这里讲的同样是顺势随缘，也就是做适合自己的事，在适合的时候做事。满足这两点，就容易事半功倍。

比如，范蠡计划将三百匹马运往越国，上千里的路程，既费时又费力还费钱，他感到非常为难，于是就萌发了借力的打算。在城里仔细打听之后，他听闻富商姜子盾的势力非常大，对吴越两地的运输也十分熟悉，就在城门口吆喝道："大家快来看看，姜家新组织的马队，免费帮人向吴越运输货物，只收马饲费。"听说和姜家合作，还不收运费，很多人都来跟范蠡谈买卖。几天后，范蠡就召集了足够的人手，将三百匹马组建成临时马队，托运着货物，在"姜"字大旗的护送下，从临淄城出发，一路畅通无阻，抵达越国。范蠡不仅成功运走马匹，还大赚一笔。所以，真正的智者，善于借势借力。只要能洞悉时势，借力而起，便能打破局限，闯出自己的一片天。

影视产品的开发也是这样，尤其是《西游记》。电影、电视、动画、漫画领域，有各种版本的《西游记》。人们从各个角度对《西游记》的探讨，都丰富着《西游记》这个文化品牌的内涵，而人们对《西游记》的兴趣，又为跟《西游记》有关的文化产品增加了关注度。这也是借力。

市场上有无数个借力的案例，从成功案例中我们会发现，所有成功的借力，都必然是触及人类心灵，能触发人们的某种共有情感的。假如触发了共有情感，哪怕是广告，人们也会非常愿意看。比如，有很多脑洞大开的广告，它们都在触碰人类内心最柔软的部分，人们在看那些广告的时候，就像在看一个超微型电影，哪怕后来看到商业购买的有关信息，之前的感动也不会消失，反而会爱屋及乌，对相关产品也另眼相看。这同样是借力。所以，所谓的借力，就是调动心外的某种力量，让自己的力量变得更加强大，实现共赢。

其中，无我地成就他人，就是最好的借势借力，因为你借势借力的目的不是利己，而是利人，这时，全世界都愿意把力量贡献给你，都期待着你的成功。这也是雪漠成功的秘密。

不过，真正能得到这种成功的人，已经不关心自己能不能成功，以及有多成功了。对他们来说，成功就像一种工具，是用来给文化借力、给梦想借力、给别人借力的。所以，不管得了多大的奖，不管登上了多么重要的舞台，不管得到了多少关注，雪漠都很清醒，总会在结束活动之后立刻回到自己的房间，回到一个与那些喧嚣无关的世界，静静地写自己的东西，让内心世界在静谧中流淌。那个世界里或许有喧嚣带来的滋养和感动，但没有喧嚣带来的浮躁和烦恼。雪漠始终都会生活在那个清凉的世界里，静静地看着世界，静静地经历一切。

这是传统文化提倡的一种借力，企业家朋友如果有兴趣，可以试试看。大道的智慧和境界，会给大家提供无穷的智慧和力量，让大家发现无数种共赢的方式，在共赢中享受生命，享受各种酸甜苦辣的味道，也享受七情未发背后的安宁。在这种充满生命本有温情的安宁中，建筑自己的事业大厦，体验自己和世界的所有关系。

当事业不再是为了赚钱，而是一种梦想的载体——这是必然的，每一个企业家的事业做到一定程度，都会发现钱是一个数字，自己真正想要的东西，是没办法靠钱来购买的，钱也留不住。这时，企业家的人生就会很不一样，同样的行为带来的感受，也会很不一样。这就是我们常说的优秀传统文化对人生的滋养。有兴趣的朋友可以试试看。它是人生的另一种希望。

第三节　渠成造势引潮流

首先要说明的是，我们这里说的"造势"，和现在媒体上流行的那些"造势"不是同一个东西。媒体上的造势，一般是制造话题，制造热度，当然，企业宣传少不了媒体，但不能只有媒体造出来的话题和热度。

法家有三大派，法、术、势，法派为主流，以商鞅为代表；术派以申不害为代表；势派以慎到为代表。势派的主张很有意思，认为君主统治天下必须有威权，就像龙腾飞时必须有云雾一样，腾云驾雾的龙，才有威慑力；没有云雾，那跟地上的大蟒有什么区别？这个不可缺的云雾，就是君主的势。

我说这个主张有意思，是因为对照很多话题事件，我们就能发现，现在很多企业光忙着制造云雾，以为这就是造势，却忘了先看一看自己，有没有变成真龙。如果有了真功夫，即便是那些由河里鲤鱼跳过龙门变成的龙，也值得人关注和敬佩，自然有势。

真正的势，就像是一个大气压气旋，中心点也就是风眼，它内部的能量积累到一定程度，进行自然而然地释放时，就会自然而然地形成气旋。它的巨大能量，让它能够所向披靡，所到之处，卷动一切。这才是真正的造势。个人也好，企业也好，想要造势，就要先在内部积累能量，像大气旋一样，有能量，有释放，自然有势。

一个人明白道之后，就有了智慧；有了智慧之后，就会有相应的德行。有了相应的德行之后，就会对身边的人产生影响，甚至影响更多的人，然后形成一种新的风气，影响整个社会。

所以，我们看到某某企业多年来寂寂无闻，埋头苦干，终有一天突然成为热点话题，形成了一股强大的潮流。这并非偶然，更不是靠买热度就能达成的，而是必须有"风眼"的能量积累。

一、发现自家宝，造就可靠势

我曾说过，世界上的一切都是被发现的，而不是被发明的，包括网络世界也是如此。因为它们都是宇宙中本有的，源于大道，人类创造不出它们，只能发现它们，再依托各种条件去掌握它们，然后将它们运用于日常生活。如果人们不但能发现它们，还能通过它们掌握大道的至理，而且有利他之心，愿意将这个真理呈现给世界，让世界也发现它、掌握它、能够运用它，就叫有德。简言之，利他就是德。如果再进一步，不但有德，还能用德行来改变世界，就是"物形之，势成之"，这时，现象就出现了。

在企业的经营管理过程中，则需要企业的领导者与管理者首先造就自身之势。

韩非子在《韩非子·功名》中说："夫有材而无势，虽贤不能制不肖。"意思是说，一个人仅有贤能是不够的，还得有"势"，不然就无法让不肖者服从，无法保证组织的良性发展。所以，一个组织要想很好地推行既定的制度，就必须有"势"的保障。为使企业制度和企业文化真正落地，管理者也应因势利导，在岗位赋予的权力之下，用以身作则和自身的修养来建立"势"。

作为一个企业的管理者，须拥有管理的权力，更应具备领导者的气势。企业家要建立威信和气势，首先要明白和了解自己的定位，明确领导与管理角色的责、权、利。管理者树立权威绝对不是肆意妄为，骄纵跋扈，更不是借助自身角色任意提拔或惩罚下属。只是靠"领导者"的头衔来管理下属，不但不会在员工中形成威望，反而会让员工"畏"而不敬。管理者应按照公司的文化践行日常工作，明确企业制度，并以身作则，依照制度行事；也应钻研业务，无论是管理之道还是公司的业务体系，都应精通但未必亲为；更要待人公正，不以个人喜好论断，而是依照公司的制度来评判下属工作，若制度之中没有明确，便依照公司价值观作为评判事务的原则；还要擅长沟通，善用制度，奖惩并济，在制度面前铁面无私，绝不妥协。只有具备了上述因素，才能成为一个好的管理者，一个受员工尊重的管理者，也才能建立起"势"。

韩非子曾深刻地指出，君临天下，依凭的是势。而势就如高山顶上的一棵树，它之所以高高在上，是因为它足踏高山，凭借高山作基石。这表明，势靠位尊权重而得，也靠造势而得。但我们也要看到，商鞅依靠秦孝公做后盾推行新法，战无不胜，可孝公一亡，商鞅就失去了靠山、保障，随即走投无路。为什么会这样？因为商鞅变法虽然有益于秦国的发展，但它远离仁爱，容易招来怨恨，尤其是车裂之刑。商鞅死后被车裂，就跟变法招致的仇恨有关。所以，单纯依靠脚踏高山而造势，自己不够仁爱宽和，就容易招来积怨，一旦失势，结局就会非常悲惨。

在现代企业中，企业文化的建设、推行以及制度的全员践行也需要"造势"。大势是时代与世界，小势是一种氛围，也是一种环境。当我们改变不了大势时，是可以改造环境的。有了环境的浸泡，才能上行下效。在一个团队中，管理者身先士卒，严格恪守企业文化，按照企业价值观作为行事的准则，遵循企业制度规范个人行为，并依据制度原则确保赏罚公正分明，当管理者能在行为上成为企业的楷模时，员工才会逐步养成正确的工作习惯，企业制度和企业文化也才能像空气一样，渗入企业内部的方方面面。

在现代企业管理中，之所以会出现"有令不行，有禁不止"的现象，重要原因之一就是管理者自身不正，不能以身作则。管理者只有率先垂范，方可服人。

管理者应该智慧地运用势。势的存在，是为了推行公司制度和文化，而并非逞一时之快。利用自身所在之"势"，以身作则，因势利导，常抓不懈，才能够将制度和文化深植人心。这样，制度和文化才能进一步落地。

二、主动出奇兵，超越诸平庸

曾国藩在《挺经》中说："躬身入局，高在造势。"脚踏实地实践需要放低姿态，为做事而造势则需要高调。这里的造势，强调打破局限，主动出击，是走向成功之路的重要一步。

韩信十分擅长造势，他的"背水一战"尤为有名。当时赵王率领二十万兵马，韩信的兵马不足敌人的十分之一。于是，他便命令两千精兵隐藏于山谷之中，等开战后，就装作败退，并故意留下大量军资。又让张耳率军守在岸边，装出背水一战的架势。赵军主帅陈馀果然上当，全速追击，想要一举歼灭汉军。可韩信却率兵突然杀回，且攻势锐不可当，毫无防备的赵军顿时乱了阵脚。

这里的势，指的是一种氛围，借这种氛围来传递某种信息，帮助事情最终取得成功。

王阳明也曾用行动告诉我们，无势可借的时候，与其等大势来临，不如自己造势。在平定宁王叛乱时，王阳明身边只有一支东拼西凑的散兵，正规军队的补给也遥遥无期。论人数，比不上号称十万大军的宁王正规军；论装备，也不如宁王潜心谋划十年之久的筹备。所以，为了利用有限的条件成功阻止宁王北上，王阳明决定釜底抽薪，攻打宁王在南昌的老巢。主力虽然不在，但南昌的防备依旧严密异常，如果强攻，只会造成非常大的损失。所以攻城之前，王阳明先展开了一轮宣传工作，进行攻心之战。首先，历数宁王罪行，令人人恨之，也令南昌守城的官兵气短。其次，动员兵士们勇敢作战，一遍鼓，靠近城墙；二遍鼓，登城。最后，经过一番宣传工作，部队的士气和气势都上来了。此番操作，王阳明的目的就是造势，先从心理上击败敌方守城将士，再依靠己方勇猛的士气和严明的军令拿下切实的胜利。

王阳明用兵一向讲究"任势而行"，既善于正面作战，又能根据战场具体情况而营造出各种形势，如示敌以强，用来威慑敌人，然后辅以"奇兵"取胜。前述那场战争中，经过前期的宣传，王军气势正盛，只欠东风，忽有探马来报，说宁王有一支千余人的队伍正埋伏在某处。王阳明心生一计，决定顺势而为。于是，他派兵趁着夜色突袭了这支部队，并下令不许全歼，故意放走部分残兵败将，让他们潜逃入南昌城。

败军之将，何以言勇。等那些逃跑的士兵进入南昌城中，已是传言四起，都说用兵如神的王阳明已经派出重兵，把南昌团团包围，守城士兵听了更加气势全无。如此一来，城中的兵士不仅失去了斗志，还产生了绝望的情绪。王阳明知道时机到了，便命令攻城，全军将士不遗余力对南昌城发动了正面强攻，以最小的代价，取得了最大的胜利。这就是王阳明"奇兵制胜"之道，奇正相生、造势如神。

在企业经营管理领域，造势同样发挥了神奇的作用。比如2023年8月底，美国商务部部长雷蒙多访华期间，华为推出一款采用先进芯片的新型手机，这一举动被外界视为其对美国制裁的一种回应和反击，雷蒙多对此事的评论更是加大了媒体的关注，甚至出现了一波"雷蒙多为华为代言"的戏谑新闻。整个事件，在短短几天内，变成了国际大新闻。

这就是华为奇正相合的造势。正，就是不受干扰地进行研发和生产；奇，就是瞅准时机，在对手以为制裁成功时，突然给予反击。在对手被打蒙的时候，媒体的力量又参与进来，顺势而为，将对手的反应全部转变为我方的势能。

三、若为长久计，需尊道贵德

"滚滚长江东逝水，浪花淘尽英雄。"这里说的是势的另一个特点：易逝、易变。

"势成之"的"势"代表环境，环境好不好，适不适合发展，是成功的重要决定因素。所以，一流的企业家必然懂得造势，而想要成为优秀企业家的人，也必须学会造势。所谓的造势，就是处理好自己与环境、自己与他人之间的关系，如果连身边的人际关系也处理不好，你是很难拥有影响力的。相反，如果能从处理好与小环境的关系出发，慢慢地处理好与大环境的关系，再处理好与更大环境的关系，那么任何环境都会变成适合你发展的环境，你的影响力就会一步步扩大。相应地，你的发展就会"势如破竹"，也就是乘着势头向前冲，一下把所有障碍物都给劈开。所以，做企业必须注重造势。

然而，所有大势都有起有落。如果陶醉于大势所带来的势如破竹感，满足于顺势而为所带来的虚幻力量感，从而把自己的命运完全交给外在的环境，一旦大势逆转，就会被高高抛起，重重摔下，陷入万劫不复的境地。再说到那句名言："站在风口上，猪都能飞起来。"然而很多人忘记了另一面：一旦风过去，首先摔死的也是猪。

《晋书》中说："和光同尘，与时舒卷，戢鳞潜翼，思属风云。"孙子也说："兵无常势。"易变是势的本质特征。势可以如潮涌一般呼啸而来，也可以如潮退一般悄然而去。喧嚣的大势总是充满泡沫，而泡沫总有破灭的一天。知乎创始人周源说："没有哪一棵树能长到天上，也没有哪一波红利可以永远持续。"所以，势可利用，但是不可以依靠。它并不像我们想象得那么靠谱，所以不要在大势的狂欢中迷失了自己。所有那些只靠势创造的辉煌，注定都是不可持续的。

明智的战略家之所以明智，就在于他们既敬畏势的力量，善于借助这种力量，又对势背后所隐藏的陷阱保持充分清醒的警惕，从不为势的力量所左右。他们能在整体的逆势中找到有利之势，找到逆势之中的扩张动力；在顺境中，又会对势的演变充满警惕，尤其是对那些充满泡沫的大势避而远之。他们总是第一时间知道什么时候应该随"势"起舞，什么时间必须按自己的节奏行事。只有这样，他们才能避免大起大落，把命运掌握在自己手里。

那么，如何将因势而得的成果长久保持并传承下去？遵循大道规律。为什么我们一提起一些人——不仅仅是过去为祖国做出巨大贡献的伟大人物，也包括这个时代的一些在互联网方面做出杰出贡献的人——就会肃然起敬？因为他们身上承载了道和德，让我们心生敬意，这就是"万物莫不尊道而贵德"。所以，任何证得大道、拥有高尚德行、言行上合道的人，都会成功。所谓的合道，就是明白方向，言行符合真理，并且能用自己的德行把道呈现出来，用它来改变世界，改变环境。这就是所谓的"势成之"。

注意，在这个网络时代，那些非常优秀的企业家都是这样，他们不需要依靠时代和世界，时代和世界反而要依靠他们。因为世界认可他们，人们认可他们，这种认可会化为一种广泛的支持，让他们无论是经营企业还是践行公益，都能迅速汇聚巨大的力量，足以改变当下时代某个群体的生活方式，甚至让这种影响随着人的传承而延续下去。这时，他们就不只是个体性的提倡，而是建立了一种文化，他们身上的道和德，还有道和德所造就的大势，自然会成就他们的事业。其中，道可以理解为思维、思想；德可以理解为行动；势可以理解为世界对他们的认可和尊重。认可和尊重从哪里来？就从他们的道和德中来。

注意，这一思想揭示了很多人成功的秘密和必然性，而老子在两千多年前便已提出，所以老子非常了不起。

为什么有一些互联网企业那么成功？正是因为它们的宗旨是服务用户，一切根据用户的需求而设计，这本身就具有一种利他的精神，非常符合大道的规律。因此，它们能在竞争激烈的互联网时代脱颖而出。

每一个电商平台都有自己的特点，透过那点点滴滴的不同，我们就能判断出哪些电商平台能做大，哪些电商平台做不大。比如，任何一个电商平台，如果在产品和世界之间设置障碍，就肯定做不大，在程序里设置障碍，也肯定做不大，因为这会让用户觉得麻烦。现在有这么多选择，别人为什么要选择一个麻烦的服务，不选择一个简单方便、没有门槛的服务？所以，大商人永远不会算计，只会考虑别人还有什么需要，自己怎样才能把服务做得更好，怎样才能帮助别人成功，这才是这个时代的经管之道。

简言之，企业家一定要有大道的本体智慧，要读懂时代，读懂时势，敏锐地发现变化的必要性，然后在守住初心的前提下做出改变，适应全新的时代需要。这种智慧，就是企业经营中的本体智慧，其本质，是一种本体性的方向。真正掌握了这种智慧的人，定然能敏锐地捕捉到变化的势头，紧跟时代的节奏，进而势如破竹，节节高升。即便遇到行业的寒冬，也能做好准确的预判、谨慎的研究和充足的准备，拥有一种在寒冬时积蓄实力，从低谷里迈向另一高峰的能力。

智慧所带来的强大的承受力和敏锐的洞察力，还有对用户需要的关怀，永远是企业家最好的保护盾。它会让企业家超越环境，拥有一种在任何条件下，都能选择最优项，让自己不断进步的能力。而企业家带领的企业，也定然能打破"富不过三代"的魔咒，不断延长企业的寿命，为社会做出更多、更大的贡献。

附录
答读者问

一、树倒了，知了还能唱歌吗

○读者：现在的竞争越来越激烈，创业之路也非常艰辛，我们每天都要面对很多挑战，在这样的环境下，我们如何让心安定下来，有勇气去面对这些挑战呢？谢谢！

●雪漠：这个问题非常好。注意，对于你的这个问题，老子的"无为而无不为"就是最好的答案。"无不为"是积极面对世界，"无为"是无执之心，不在乎结果。下面我分享一下这句话背后的意思。你一定要明白，我们每个人都会死去，这是生命最终极的真相。所以，每个人的活着，都只是在尽力走好一个过程。在这个过程中，我和我身边的志愿者，还有很多跟我们有相同志向的朋友，都想尽可能地多做一点事情，为这个社会多做一些贡献，这也是"无不为"。

我们的想法是这样的，当然，有些人也有他们自己的想法，可能跟我们的不太一样。比如，有些人可能想要多赚点钱，然后去环游世界，或是让父母过上更好的生活，或是买更大的房子，等等。这些想法也很好，但不管你怎么追逐，在你离开世界的那一刻，它们都会跟你失去关系，留给你的仅仅是一点记忆。你也许觉得这样就够了，但我不这么想，我希望生命可以发挥更大的价值，能留下一种可以延续下去的东西。比起享受物质、享受天伦之乐，我更愿意为社会多做贡献来填充生死之间的时光，就跟这个念想有关。否则，得到多少，对个体生命来说都一样，都会很快失去，生命不会因为得到或没得到有什么不同，仅仅是多了一点情绪和念头。

当然，能善待父母，让自己父母有个幸福的晚年也很好，但你同样要明白，人在取舍之间，往往会失去一些东西。有些东西你很容易得到，也很容易失去，但有些东西不是这样，如果你能把握住它，就可以

153

改变你的生命，甚至改变你父母的生命。这对你的父母来说，可能比更好的享受和更久的陪伴更重要，因为后者很快就会终止，它们是不可能延续下去的。

当你真正地明白这个真相时，就会发现快乐和幸福其实很简单——只要身体健康就很快乐，如果不但身体健康，还能做事，就更快乐了。这时，你在乎的就仅仅是做事时的快乐，或者说做事本身，而不是事情最终的成败了。因为你知道，成败只是一瞬间的事，它虽然也能影响一些东西，但它能影响的那些东西，其实跟你的个体生命没有关系，只跟社会有关系。因为，如果你做得更好一些，社会得到的益处就会更大一些。比如，企业家如果能做得更好一些，就可以为国家贡献更多的税收，为社会提供更多的就业机会，甚至可以承担起文化传播的责任，以自己为媒介，向世界传播中华优秀传统文化。但如果全心全意地去做，到头来却仍然做不到，或只能做到某种程度，那么我们也只好随缘，因为我们已经尽心了。

对个体生命来说，也是这样，做得好一些，是锦上添花；做得没那么好，也不至于吃不上饭，不会马上死去，除非有些人得了重病，突然需要支付一笔非常庞大的治疗费用。但这属于特例，我们不谈这种特例，也不期待和呼唤这样的特例。我们更倾向于保持健康的生活方式，让自己在活着时多做有意义的事情，把握好活着的这个过程。但假如真的遇到了，也只能随缘，因为无论如何，人能做到的都只有全力以赴，如果全力以赴还是不能解决问题，就只能放下。如果能放下，就连面对死亡，你也不一定会感到痛苦，因为生死对你来说都一样，你的心中已经没有对生命的贪恋了。

所以，很多痛苦是概念带给人的一种感受，打碎这个概念，人就会失去痛苦的理由。换句话说，我们不需要觉得某些事一定要做好，做不好自己就会很痛苦，事情也会变得很糟糕。一旦你这么想，你就会真的觉得痛苦，而且不是失败了才痛苦，是做事的过程中就很痛苦，很焦虑。所以，我们要打碎这个让自己痛苦的概念，重视做事的过程，让自己在这个过程中投入全部，百分百地努力，那么最后无论怎么样，自己都不会后悔和遗憾，这就够了。所以，经历过世事变幻，却还在坚持做事的人，就不应该再痛苦了。

比如，大树倒下来之后，树上的知了如果不飞走，就会跟着大树一起摔下来，那么这只知了痛苦吗？只要大树没有压到它，它就不痛苦，它会飞到另一棵树上继续唱歌，哪怕换一棵小树，或站在大地上，也不要紧。企业就是大树，依托企业生活的我们都是树上的知了，我们的唱歌，跟大树倒不倒关系不大，只跟我们自己想不想唱歌有关系。只要我们还想唱歌，那么在任何时候、任何地方都可以唱歌，而且是快乐地唱歌。

其实，到了一定的时候，企业就不属于企业家自己了，它属于谁？属于社会。属于企业家的是什么？是他和家人吃掉、喝掉、花掉的那部分财富，也就是满足他们的生存和生活需要的那部分财富。此外的一切，都跟他们没有关系。为什么？因为世界瞬息万变，说不定什么样的变故，就会让他们失去自己的企业。

诺基亚曾经很厉害，很多人都用它的手机，很多人都说它手机的电池好用，机子也坚实，不容易摔坏，但现在呢？——别说现在了，很多年前，诺基亚手机就被其他品牌的手机给取代了。各种品牌的手机都在争夺市场，不少曾经非常厉害的手机品牌，都在很多年前就淡出大众的视野了。这个时代，是智能手机的世界，下个时代又是哪一类手机的世界，我们不得而知。但可以肯定的是，假如不能敏感地掌握时代的趋势，当下流行的很多手机品牌，将来也会和诺基亚一样，渐渐淡出人们

155

的生活。

房子也是这样，曾国藩生前的权力很大，那么他能保住自己的房子吗？保不住，很早之前，他的房子就成了国家财产，不属于他的子孙后代了。那么，他的子孙们生活得怎么样？会不会因为失去房子而痛苦？大概不会。他们在各自的领域都很优秀，这种优秀跟侯府属于谁没有关系。

明白这个真相之后，你就会知道，快乐幸福所依托的东西并不多，只要能健康地活着，就足够了。这时，得失和成败就不能影响你的心，不能让你焦虑痛苦了，这就是"无为"。但即便明白了这一点，知道世界在不断变化，一切都会被无常所吞没，也不能从此懒散下来，不去积极地做事。相反，虽然明白自己所做的一切都在消失，却仍然在积极地做事，仍然在用有意义的行为来充实从生到死的过程，不为得到任何东西，只为让生命在这个过程中辉煌一点，精彩一点，这就是"无不为"。能够做到无为而无不为时，你的事业就会做得更大，你也会更快乐。

所以，很多烦恼都不是必然的，而是自己造成的，我们可以称之为多管闲事。每个人只要管好自己的事就好了，如果管不好自己的事，管再多外面的事也没有意义，而且也管不好。自己的事是什么？就是快乐和幸福。你每天都要问一问自己：今天我活得快乐吗，幸福吗，充实吗，健康吗？因为这些才跟你的生命有关系，其他的一切，都是在为社会做事，做得好也罢，做得不够好也罢，都是你的一份贡献，不用太强求。假如过于强求，就成了多管闲事，也不好。孔子说过，"不在其位，不谋其政。"（《论语·泰伯篇》）我们可以通俗地理解为，要学会让屁股决定脑袋，不该管的事情不要管，很多事我们管不了，也没必要管。

多管闲事的人总是很痛苦，因为他总会为不可能发生的事情而烦恼——一定要明白，很多我们以为有可能发生的事情，虽然不是100%不会发生，但至少有90%不会发生。这是肯定的。即便发生了，本质上说，也跟我们没关系；跟我们有关的，只是自己的呼吸。只要每天都呼吸，不要让呼吸断掉，同时做好自己能做也该做的事，该睡觉时舒舒服服地睡觉，就够了。这样就能从容精彩地过一辈子。

所以，我们不需要追名逐利，但要积极进取。我非常珍惜身边的人，包括家人、志愿者、读者、朋友等。为什么？因为他们跟我有关系。在每个人的生命中，最重要的都是跟自己有关系的人，跟自己没有关系的人不在自己的世界里，他们有他们的世界，你管不了。所以，一定要处理好跟自己有关的世界，让你的亲人、朋友、合作伙伴、部下等人开心，尽可能地给他们一个幸福的人生。

对于企业家来说也是这样，最重要的事，就是让自己身边的人开开心心地做事，让自己的团队健健康康地发展；在这个基础上，再为社会做出力所能及的贡献，这样的人生就已经很圆满了。如果你不能让身边的人开心，不能让团队健康发展，或是不能为社会做贡献，你就是不称职的。为什么？因为服务社会就是服务人——首先是服务你身边的人，然后才是服务你接触不到的那些人，如果你连身边的人都没有服务好，又谈何服务社会呢？所以，企业家最重要的事不是赚多少钱，而是把身边人的问题解决好，把自己的问题也解决好，让大家都能安安心心地做事，快快乐乐地做事，积极无执地进取。

过去，我们常说造福人类，什么是造福人类？就是首先造福自己的祖国，为祖国的发展出一份力，为同胞的幸福出一份力，然后再谈造福更大范围内的人类。但在这之前，如果你不能解决自己身体的问题，不能解决自己心灵的问题，或者不能解决自己的家庭问题、公司问题，那么就连造福祖国，你都谈不上，更加不可能造福更大范围内的人类了。

精神追求是人的境界，具体做法是人的行为，境界和行为就构成了人。我们常说，境界要高，要超越功利，要有道的思维，要明白时代的趋势，这些都是境界，也就是道；在这种境界的观照下处理好身边的事情，就是行为，也就是德。没有超拔的境界，德就会陷入庸俗；过于追求境界，做不好身边的事，就是纸上谈兵，也不行。要成为一个真正完善的人，就必须境界与行为兼具，既有超拔见地，又有踏实行履，用智者的话说，就是既要仰望星空，也要脚踏实地。

二、井底之蛙什么时候能学会低调

○读者：我爱人是开公司的，我和他在人生观和价值观等方面有很大的不同，我该如何辅佐他把公司办好？同时，我还想让他低调做人，在这方面我又该如何帮助他呢？谢谢！

●雪漠：你只要低调做人，就是在辅佐他了。人为什么会高调呢？因为他还是一只井底之蛙。井底之蛙老是待在井里，以为井底就是整个世界，这个世界里只有小虫子和小青蛙，最大、最厉害的就是它——注意，这时，它往往就会非常高调，时不时就会对更小的青蛙指手画脚。一旦有一天，它从井底出来，进入了外面的世界，发现天地竟然这么大，无数动物都比自己更大、更厉害，自己其实非常弱小，它再怎么想高调，也会高调不起来。反而会乖乖地回到井底，做一只安分守己的青蛙，饿了就吃几只小虫子，渴了就喝一点水，闷了就看看头顶上的月亮，哪怕还会习惯性地教训小青蛙，也不会再像过去那样理直气壮。

《庄子·秋水》中有个"望洋兴叹"的故事很有意思，故事中说，很久以前，黄河里有一位河神，人们叫他河伯。他一直都待在黄河里，只见过黄河边上的几个老百姓，还有黄河里面的小鱼小虾。于是，他就把自己当成了老大，觉得自己特别了不起，老是沾沾自喜。直到有一天，他看到了北海大洋，才知道真正的了不起是什么样子，自己原来非常渺小，从此就变得很低调，再也不会沾沾自喜了。

任何一个高调的人，本质上都是井底之蛙，他没有见过更加辽阔的世界，不明白"山外有山，人外有人"的道理，才会那么高调。当他见识了世界的辽阔和博大，见识了更多优秀的人和事，也就不会那么不可一世了，他只会觉得自己有太多东西需要改进。

所以，想让一个人低调，就要打开他的眼界，方法有两种：一是走万里路；二是读万卷书。路走得多，见识自然会增多，眼界自然会开阔，不会再盲目地自我欣赏；书看得多，也自然会明白人的胸怀可以有多博大，人的理想可以有多高远，人的思想可以有多深邃。这时，他就会觉得自己只不过是个孩子，自己的水准太有限了。如果他不肯出去游历，也不愿读好书怎么办？可以想办法让他见一些优秀的朋友，就像老祖宗所说的，"与君一席话，胜读十年书"，与优秀的人接触和交流，也会让他看到自己的不足。我跟钱塘智慧城的董事长聊天时，就有这种感觉，我一直不知道，原来国内还有这样的企业家。如果你的爱人能见一见这样的优秀企业家，或是进入一个优秀的环境，例如听听我们讲解《道德经》，听听我们剖析中华文明史上的标志人物，他再想高调，也会高调不起来的。

三、资历浅，年龄小，如何做好管理

○读者：一个资历比较浅，年龄也比较小的人，突然被安排到一个领导岗位上，他该如何打开局面，提升自己的威望，把团队带好，让一些资历比较老的同事信服他呢？

●雪漠：注意，不管有什么理由，想要很高的威望都很糟糕。按

老祖宗的说法，威望是天爵，也就是上天给你的爵位，你有什么样的德行，就有什么样的爵位；如果你没有德行，自然就没有爵位。如果没有相应的德行，却有了相应的威望，就变成了"德不配位"。"德不配位"的下一句是什么？是"必有灾殃"。也就是说，人必须够格，如果不够格，却得到了一些东西，上天就会让你失去一些东西，以此达到一种平衡。"格"是什么？就是德行、智慧、境界、慈悲、学养等。

所以，任何人都不能期待自己有很高的威望，而是要修炼自己的智慧、德行、慈悲和境界，增长自己的学养，当你有了真东西时，世界自然会慢慢地认可你，那么你就有了威望。如果你没有真东西，那么不管你怎么追求，都很难拥有你期待的威望。如果你一不小心有了威望，反而更糟糕，一个小小的试炼，就会让世界发现你名不副实，于是你就会背上骂名。所有身败名裂者都是这样，威望高于水平，身就败，名就裂。所以，无德时，威望不一定是好东西。

再者，追求威望就是追名逐利，说明你是个名利之徒，这本来就不是正道。无论做什么，都要走在正道上，如果方向偏了，结果就不可能好。所以，我们不要追求让人信服自己，只要自己做到信服别人，为别人服务就够了。所有想让别人信服自己的人都很愚蠢。你见过阳光雨露要求人类信服它吗？肯定没有。所以，我们不要做洪水，不要去展示自己的强大；你一旦展示自己的强大，就必然会招来伤害。

最高明的人，永远都是低调的，即使被安排当了领导，也不会摆出一副领导的架子。尤其是对刚到单位上班的年轻人来说，这时，你该做的是尊重所有人，尤其是你的前辈，你要尊重他们为企业做出的贡献，服务好他们，在他们需要某些决策上的支援时，信任支持他们，让他们能得心应手地做好事情，这反而会更好。尤其不要追求威望，更不要让人觉得你有威望，你要永远做一个服务他人的角色，永远给别人一份好心情，让别人觉得跟你合作很快乐，很顺利，就够了。德行如果配位，就永远都会给人一份好心情，永远帮助别人，永远"随风潜入夜，润物细无声"，这就是最好的。

曾国藩就是这样，对任何人都很好，包括面对巴结他的人时，他也会照顾对方的感受，不会让对方感到难堪，甚至在受了委屈的时候，他都不会像寻常人那样反击。最典型的例子，就是他和左宗棠的故事：他把左宗棠从举人一步步推到封疆大吏的位置上，可左宗棠不但不领情，还老是骂他。而且左宗棠不仅背后骂他，公开场合也骂他，时不时就会拆他的台。但他从来不说左宗棠的坏话，左宗棠去收复新疆时，他还把自己最精锐的部队调给左宗棠，并且为左宗棠提供钱粮，帮左宗棠去建功立业，非常了不起。

曾国藩就是这样的人，总是尊重别人，帮助别人，最后别人自然就信服他了，不用他自己去树立什么威信。就连一辈子说他不好的左宗棠，在他死后对他的评价也很高，先是在挽联中说："谋国之忠，知人之明，自愧不如元辅；同心若金，攻错若石，相期无负平生。"后来听说曾家子孙借钱度日，又主动借银子给他们。为了打消曾家的顾虑，他专门写信给曾国藩的儿子说："吾与文正交谊，非同泛常。所争者国家公事，而彼此性情相与，固无丝毫芥蒂，岂以死生而异乎？以中兴元老之子，而不免饥困，可以见文正之清节足为后世法矣。"意思是我跟你们家老爷子不是寻常的交情，过去虽然闹过一些矛盾，但那都是为了国事，不是什么个人恩怨。他作为一个中兴元老，却没给家里留下多少钱，以至于让你们忍饥挨饿，可见他为官清廉，足以成为后世的榜样。再后来，左宗棠还帮过曾家很多忙，对曾国藩的子女很是照顾。——他在曾国藩有权有势时跟曾国藩闹别扭，反而在曾国藩背着骂名死去后衷心赞誉，还对其后人照顾有加，这固然显露了他的德行，却也是因为曾国藩值得他的尊重和怀念。

所以，做人做到一定的份上，就连所谓的对手都会信服你，不用你刻意去争取。如果暂时还没有得到，就不妨退一步，先把自己做好，就像老祖宗常说的，"退一步海阔天空"，不需要去争一时一地的成败。有时，懂得退让，把胜利给别人，反而更加高贵，在人格上更加成功，更值得别人尊重。

记住，争威望的人是名利之徒，不可能有威望；只有不争威望的人，才可能得到威望。

当然，我理解你的压力，也明白威望不是你的目的，你只是想做好分内事，把部门给管好。不过，就像我刚才说的，不管理由是什么，追求威望都得不到威望，不如建立明确的制度，按制度来管人更好，不要用脾气和算计去管人。同时，你还要在德行上着手，平时待人要和风细雨，低调谦虚，让所有跟着你干活的人都能开开心心，延年益寿，不要因为自己的坏脾气而影响别人的寿命。在家里更要这样，永远给家人一份好心情。

四、选择了却不适应，该怎么办

○读者：如果一个人不喜欢或不适应一个职业，是换一个职业好，还是提高自己的修为来爱上这个职业比较好？如果换一个职业，是不是退缩？

●雪漠：如果是我的话，绝不会为了自己不喜欢的东西浪费生命，包括职业。因为，如果你不喜欢某个职业，却强迫自己从事那个职业，你就会非常痛苦。这时，你坚持一年可以，坚持两年也勉强可以，到了第三年，你就会疲惫不堪，很难坚持下去，更别提坚持一辈子了。除非你觉得人生来就是要受苦的，心甘情愿地痛苦一辈子，这另当别论。有些人老是抱怨自己的公司不好，自己有多不开心，却又始终不愿离开，就是这个原因。这么做的后果是，你身边的人要么远离你，因为你老是散发负能量，他们觉得很不舒服；要么被你影响，跟你一起抱怨公司，觉得工作没有意义。所以，选择了就不要抱怨，抱怨就不要选择，这才是正确的做法。既离不开，又不断地抱怨，是最不好的。

　　面对孩子的时候也是这样，不要逼孩子学他不喜欢的科目，否则他肯定学不好，无论你怎么逼他，或是怎么给他补习都没用。每个人都只能做好自己喜欢的事情，如果他觉得这件事很无趣，又勉强去做，那他就肯定做不好，也不会享受那个过程。与其这样，不如让他自由选择。当然，有时也会出现另一种情况，那就是有些人好高骛远，总想做一些既体面又轻松的事情，如果正在从事的工作在他看来不那么体面，又很辛苦，他就会非常抗拒，觉得做这些事情没有意义。这些事情是不是真的没有意义？不一定。在我看来，每件事都有它存在的价值，有些事情看起来虽然很小，却是必不可少的。

　　比如社会上，有些人看不起建筑工人，觉得他们没有文化才会去当建筑工。但我可以告诉大家，有时，这些工人可能比很多大学生对社会的贡献更大。当一些大学生混日子的时候，建筑工却在辛勤地劳动。任何一栋高楼都是一根根钢筋、一担担水泥砌成的，如果没有人搞建筑，所有人都想做设计，那么设计出再好的图纸，也没有意义。再者，是不是每一个想搞设计的人，都可以踏踏实实地做好设计？不一定。很多不能踏踏实实做好杂事的人，也同样不会踏踏实实地做好设计，因为他们急切地想要证明自己。可再大的事情，都离不开一砖一瓦地铺垫，一笔一画地建构，包括设计。所以，想要真正地做好设计，除了需要具备很好的审美能力之外，也需要具备博大的胸襟和无我的态度。最好的设计者必然是大盈若冲、大巧若拙、大智若愚、大成若缺的，这样他才会不忘做事的初衷，才能全心全意地做好该做的事。

如果你属于这种情况，就不用急着放弃，可以像你说的那样，借它来修炼自己的心性，提升自己的修为，到了一定的时候，再来考虑自己到底喜欢怎样的工作，这样也许对你更加有益。一般情况下，我们提倡做自己最喜欢的事情，因为这样才能拥有快乐的一生，也能把事情做好、做大。

选择爱情和婚姻的时候也是这样，一定要选自己的真爱。就算你是因为理性的判断，觉得这个人真的很好，非常适合跟你过一辈子，才嫁给他，你也仍然要爱他，不能选择之后还摇摆不定，因为这样会给自己和对方带来痛苦，最后免不了离婚。

我认识一个非常好的女人，她是一所大学的院长，今年六十岁了，既没结婚也没有孩子，甚至没有男朋友，但她并不烦恼，活得非常开心、坦然。所以她一点都不显老，看起来只有四十多岁，很有气质，我每次见她，她都是一副精力充沛的样子。我问过她为什么不结婚，她说因为她没有遇到心爱的男人，也不可能对一个不爱的人全心全意，如果不能做到全心全意，就对不起自己的另一半，因此她宁愿不结婚。听了她的回答，我就知道她是一个很有智慧的女人，因为她懂得如何选择，也很有主见，不会为了别人的眼光而勉强自己。

很多女人不管多么优秀，最后都会屈服于别人的眼光或者自己的寂寞，跟一个自己不爱的男人结婚。然后老是发现那个男人的缺点，老是把他跟自己爱过的男人比较，无法全心全意地跟他好好过日子。当然，很多男人也是这样，也会草率地找一个自己不爱的女人结婚，婚后一旦发现更好的女人，就容易受到诱惑，开始嫌弃和抱怨自己的老婆，甚至出轨、离婚。这些情况都太常见了。"情人眼里出西施"的反面就是，一个女人或男人就算条件很好，在不爱他们的人眼里也会不值一提，更不会被珍惜。

有时，那些亏待了另一半的人也会感到愧疚，觉得自己既然结婚了，就有善待对方的责任，而自己却没有办法尽好这个责任，既让对方活得不开心，自己也活得很压抑，不知道当初到底该不该结婚——有多少人觉得自己的婚姻很幸福，自己选对了人？有多少人没有暗地里问过自己，怀疑自己当初的选择是个错误？如果两个人生了孩子，那么情况就会更加混乱，因为琐事会越来越多，彼此之间的矛盾也会进一步激化。

所以，如果不能全心全意地善待对方，就不要草率地开始一段关系，如果选择了开始，选择了接纳，就要接纳对方的全部，不能只接纳对方涂口红时很美的样子，不允许对方生病流鼻涕，更不要处处看对方不顺眼，诸多挑剔，诸多抱怨。如果你实在做不到，就给对方自由，让对方找一个真正适合自己的人，过一种更快乐、更幸福的生活，这是一种最起码的尊重。

工作也是这样，最好能选择自己真正喜欢的那一个，如果已经选择了，就要接纳全部，不能只接纳吸引你的那部分，不接纳不符合你心意的那部分。如果你实在做不到，就重新选择，不要挑剔，也不要抱怨，要做一个能对自己的选择负责的人。

跋

/

企业和我的生活

在本书的前言中,我说过这是一本有用的书,我写它的目的,就是让读者学以致用。虽然《道德经》强调无用之用,但许多时候,无用之用的重点,仍然是用。所以,在我的作品中,这本书更接近《红尘中的历练》和《问心》系列,我写它们的目的,就是为了让人用。

我自己就是这样用我读过的经典的。我是个作家,主要的生命任务是写作。但我同时还是一个文化传播志愿者,所以也建立了自己的志愿者团队,我们传播文化时,也需要涉及其他领域,做企业就是其中一个。当然,我不能说自己是个职业的企业家,我的目的也不是经营企业,企业是我的众多智慧妙用中的形式之一。就像是可以用很多不同的杯子,来装智慧的活水,分享给世界,企业就是这众多杯子当中非常重要的一个。当然,也是比较有挑战的一个,里面有太多太多让我深入学习的东西。这一路走来的学习和实践历程,就成了我人生中的另一种宝贵财富。也让我更加了解在当今时代,我们需要怎样做才能顺应时代,才能把我们的智慧文化传播出去,拥有真正的影响力,真正地有利于世界发展。

跋　企业和我的生活

一

很多读者都知道，我是没有资源的。首先，没有背景，我是农民的儿子，父母都不识字，他们没有办法给我提供资源。其次，我不当官，也不认识多少当官的人，所以职业也没办法给我提供资源。我能成功，凭借的就只有三点：第一，自己不懈的努力，包括德行、文化、学识的积累，以及多种训练。这是最基本的。第二，对读者无我的爱。我对读者确实有一种无我无私的爱，所有跟我有缘的读者，几乎都会和我成为朋友。第三，拥抱这个时代，借助这个时代最先进的科技，比如网络，进行传统文化的传播。

这三点是我成功的秘密，也是"工欲善其事，必先利其器"。当然，还必须有别的因缘汇合，才能出成果。没有诸缘和合，即便有一点点成果，也不会是大成果。

我所说的自己不懈的努力，就是转换内在。要想成为一个伟大的作家，必须有伟大的人格，伟大的追求，伟大的梦想，伟大的行为，这是内在的基本的东西。没有这个东西，你写不出好东西。所以，要先转换内在，借助各种各样的文化——包括儒释道等文化——来提升自己，让自己的生命升华。

很多人都知道，在诸多的文化领域里，我都下了大功夫，所以讲什么都有很好的反馈，也写了很多书。最早的时候，我一讲《金刚经》，就讲出了它的精髓，很多人就认为雪漠老师信仰佛；一讲《道德经》，讲得也很好，很多人又觉得我信仰道；一讲《论语》，讲得同样很好，于是很多人又觉得我信仰儒。其实儒释道我都觉得很好，都做过很深的实践和研究。所以，不管将来做什么事，首先内在要好，学养要好。这就是"君子欲成事，先转化内在"。

比如，要想当个好作家，就不能只是练笔，要在所有行为中修自己的心，让自己有个好作家的境界，才有可能成为一个好作家。要是你想当个伟大作家，就要进一步修心，不但要胸怀天下，看到所有人的喜怒哀乐，还要能超越时代，写出人心和命运背后的秘密，这时，你才可能成为一个伟大作家，否则，你不可能成为你想成为的那个人。一只母鸡下不了孔雀蛋，也下不了火鸡蛋，它只能下一个很小的鸡蛋。所以，你必须成就那个内在的东西，这也是利其器，就是从内在先立起来，再谈进一步的梦想和做事。

几十年来，写作、实践，以及传播和传承中华优秀传统文化，已成为我的生活方式。我就是通过这种生活方式，一天天战胜自己，完成自己，实现梦想，一步步走向更大的梦想的。所以，我专门写了《雪漠日课十则》，记录了我的研究成果，可供有兴趣的朋友参考借鉴。

雪漠日课十则

卯时必起床，正念加冥想。日有三坐静，动静皆观心。
饮茶品禅意，守拙无机心。明空成一味，随缘而任运。
爱有氧运动，至少半时辰。礼拜上百个，五百俯卧撑。
日享受写作，每天不放空。成生命常态，积小成大功。
每日必读书，精读加泛读。读史有笔记，对话多沟通。
日记更反省，积累日所得。百川入大海，重学以致用。
谨言更慎独，不谈是与非。持气或养气，坦荡无私心。
节欲亦节食，多素而少荤。粗粮当主食，爱养雪菌菌。
日观天下事，科技与新闻。高瞻远瞩者，能与时俱进。
尽量不出门，拒绝应酬人。目标当清晰，好钢用刀刃。

二

内在立起来还不够，因为做事必须有外在的助缘。想要成就的事情越大，就越是需要搞好社会关系，需要找到很多朋友，需要建立团队。

人是社会关系的总和，这是马克思的观点。所以，社会关系也属于人的价值。当然，这个社会关系不是搞关系的关系，而是跟你有关的事物所构成的综合价值。比如，我和读者的关系，就是雪漠的价值，也是读者的价值。建立良好的社会关系，自己的价值也会更大，做事更容易成功。

当然，关系不是搞出来的，而是真心相待和诸多善缘换来的。我从来没有跟读者搞过关系，只是认真写书，认真讲课，但还是跟读者建立了很好的关系。为什么？因为读者受益了。所以，他们相信我的书的价值，也相信别人需要我的书。

换句话说，内在立起来，能让很多跟你接触的人获益，那么你一旦跟外界接触，就会慢慢地做到外达。这样，你做的事就会一件件地成功。

我特别注重生活方式，以及良好的社会关系的建立与维护。为此，我首先立足自身实力，结合客观所需，为了文化事业的长远稳定发展，建立并不断打造相关的平台和团队。同时，通过翻译工程，我和很多国家的优秀汉学家、翻译家建立了良好的合作关系，也建立了中外文化交流的桥梁。目前，我的作品已被翻译成英语、法语、德语、西班牙语、阿拉伯语、土耳其语、尼泊尔语等三十多种外国语言。

产品是文化非常重要的载体。甚至可以说，在这个时代，文化只有成为商品，才能成为人们的生活方式，才能真正地接地气。只要商业品牌能在一个地方立起来，它背后的文化就能进入那块土地。

经过多年的理论研究与实践历练，我带领团队创立了"一书三品两文化"的产品体系,"一书",是指承载大真大善大美的图书;"三品",即保健品、日用品、护肤品;"两文化",则是家道文化、企业文化。希望这些产品走入人们生活的同时,它们承载的文化能被人们活用起来,变成人们的生活方式。在此,我把自己的探索分享给朋友们。

(一)一书为核心,铸文化之魂

鲁迅先生当年之所以弃医从文,就是因为文字可以传播思想,启蒙人心,影响他人。而且,影响力一旦达到一定的量级,文字就能改变社会风气。这时,他就能拯救更多的人,甚至可以拯救后世的人。

一个民族的复兴需要强大的物质力量,也需要强大的精神力量。没有高度的文化自信,没有文化的繁荣兴盛,就没有中华民族真正的伟大复兴。阅读是传承文明和文化的重要方式,因此全民阅读活动对于"贯通中华文脉,照亮复兴之路"有着重要意义。

但我并不主张什么书都读,我认为应该去读的书,仅仅是那些能让人得到灵魂的清凉和快乐、激活人内心的美好、让人获得某种生命感悟的好书。

我的作品之所以获得广大读者和海外译者的青睐,可能是因为它超越了语言和文学技巧,以内容取胜——读者读了我的书,接触到我的书承载的文化,于是改变了生活,改变了心理,进而改变了人生。这种文化的力量和自觉,就是我们所说的文化自信。真正的文化自信,其实是一种精神的、文化的力量。而之所以我的作品能承载这种力量,则是因为我的文学追求跟别人不一样——我也追求文学的艺术价值,也追求形式上的创新,但我最重要的文学追求,其实只有一个标准,那就是"世界上有它比没有它好,读它比不读好"。所以读完我的作品之后,读者会得到文学文化的双重力量,灵魂得到滋养,进而改变人生。我的《爱不落下》,就写了一个年轻女子,在生命困境中读到我的文字,改变了人生，战胜了厄运，升华了生命本质的故事。

文学有时候需要"照亮"读者的灵魂，而不仅仅是"呈现"人的存在。《大漠祭》《猎原》《白虎关》属于"呈现"，记录了一个时代。《大漠祭》之后的"灵魂三部曲"以及其他作品则属于"照亮"。

有一年纽约书展，中国作为主宾国参展，有一大批读者跟着我过去。让我觉得非常奇怪的是，在纽约的一家新华书店里，我看到了雪漠图书专柜，加拿大多伦多最大的北京书店里也有我的所有作品，而且大部分是中文原版。当时我就非常好奇，很想知道，为什么当地有这么多人知道我的作品，也喜欢我的作品，他们怎么会了解中文图书。后来我才发现，因为当地有很多中国人是我的读者，他们把我的中文版图书直接带去海外，推荐给海外的读者，于是我的作品就在海外有了影响力。而且随着读者的增加，这种影响力也在不断增加。

那时，《中国出版传媒商报》的记者和中国大百科全书出版社社长刘国辉专门来见我，还进行了访谈，访谈中记者也提到了这件事。那时候，中国大百科全书出版社要成立雪漠图书中心，这可能是国内出版社中，唯一由一个中国作家的作品撑起的图书中心。当时，《中国出版传媒商报》的记者问刘国辉社长，为什么雪漠的读者那么多。刘国辉社长说："一般作家的作品可以感动读者，而雪漠的作品可以改变读者。"他说得非常好，确实是这样的。因为我在乎的是人性，但我不只是承认、接纳和展示人性，更写出了一种超越人性的精神性的东西——信仰。文学作品中有了信仰，才能传递某种力量。这时，作品就不仅仅是文学性的现象，而成了一种文化性的产品；拥有文化和文学的合力，让我的作品有了独特的价值，因此在国内外吸引了广泛的读者。

这是一种潜移默化的力量，就像你只要给我一根蜡烛，我就可以点亮一个火把，照亮周边，因为我这里有火种。所以，只要作家的作品里有智慧的火种，每一个读者都会变成火把。他们既会珍惜点亮自己的火焰，也能引燃自己身边的火把，还能照亮那些在黑夜里摸索的人，告诉他们哪里有光明。

所以，我的读者群里有个现象——几乎每个人读过我的一本书后，都会读我所有的书，他们的家人也很可能会读我的书。翻译作品也是这样，我的作品中文化和文学的双重力量能够改变人——单纯的文学能感动人，但文学如果没有文化的精神，它的力量就很有限。

我的作品不仅改变读者，也会改变翻译家，很多翻译家在译完我的作品之后，好像都得到了一种心灵滋养。西班牙语著名汉学家莉莉亚娜翻译了我的《雪漠小说精选》和《世界是心的倒影》之后非常震撼，因为她当时正好遭遇人生最大的困境，翻译完我的作品后，她所有的烦恼一扫而空，就像得到了救赎一样。从那天起，她就有了一个心愿："一定要把雪漠老师的作品都翻译出来，让所有西班牙语读者都能了解雪漠老师。"

所以，当一部作品不仅仅是文学作品，不仅仅在塑造一个形象，也不仅仅在塑造某个人物，或者设计一个好看的故事，而是能够成为道的载体，渗透着中国文化中最精要的智慧时，它就能做到一般文学作品做不到的事情——照亮人心。因此，很多翻译家翻译了我的一部作品之后，都会接下去翻译我的多部作品。

我的书有一种跟别人不一样的频率，它是一种被我化为生命本能的文化气息，它是形而上的，是超越地域的，这是东方哲学、东方智慧带给我的一种境界。而这个超越的境界，正好是人类共同需要的。因为，中国人面临的问题西方人同样面临，不管内容如何，有怎样的社会背景和人文背景，它们都是贪婪、仇恨、愚昧带来的，整个人类都活在这样的困扰之下。所以，我的作品其实更多的是用一种超越的精神、超越的光明来照亮日常生活。西方读者也罢，东方读者也罢，只要心中有这个时代大家都有的困扰，都会从我的作品中得到滋养，得到一种能够解救心灵的智慧。智慧可以化解仇恨，可以消灭愚痴，可以让我们无论世界如何多变，都保持一份坦然、一份自在、一份安心。同时也让我们明白，即便不能改变世界，我们也可以改变自己面对这个世界的态度，所以，智慧是终极的，是治疗一切心灵困境的大药。

所以，好书就像好的老师，都是迷途者灵魂的灯塔，都担负着铸造文化之魂的责任。

（二）两课为双翼，带动家与企

有两种文化特别符合这个时代的需要，一是家道文化；二是企业文化。如果书籍、商品能和家道文化结合起来，就有可能承载一种普世的、有益身心的生活方式。如果说商品是硬件的话，家道文化就是一个家庭的软件程序。企业文化也一样，它也是一个企业的软件程序。所以，在中国文化未来的传播中，家道文化和企业文化的建设，显得格外重要。

将文化落实到家庭之中，建设和谐家庭进而和谐社会，是我一直倡导的，为此我专门讲了"家道文化课"，并写有《雪漠家道歌》《雪漠家教歌》《好父母歌》，在这里也分享给大家。

雪漠家道歌

正清诚明和，家道铸家风，五字融万法，百川入海景。
一点智慧露，百年扎根深。传道兴家业，圣贤出家中。

雪漠家教歌

家学明变化，守真事炼心，知行当合一，中华心学功。
家常要早起，诵读更静心，写作成常态，故事做沟通。

正清诚明和，家道之五种，对应诸行为，时时挂心中。

家训海纳川，厚德有大行，信仰当精进，相偕悯苍生。
六事造家风，仁义孝智勇，礼是其容器，一一事上用。
家教有八事，慎独以正心，省察多诚意，齐家先修身。
包容诸逆缘，奉献过一生。

好父母歌

父母非天成，素质要培养。孩子是天赐，父母当惜缘。
彼此皆独立，人格有主权。与君父母歌，养娃成栋梁。

父母第一要，守护娃梦想。孩子是种子，梦想是阳光。
孩子是飞鸟，梦想是翅膀。孩子是白纸，梦想是华章。
孩子是行船，梦想能导航。梦想若利己，庸碌混世忙。
梦想兴门庭，只是好家长。梦想益社会，担当有胜缘。
梦想全人类，济世成太阳。

父母第二要，率先做榜样。要求孩子时，自己当模范。
身教赛言传，父母是标杆。孩子有缺点，认真找根源。
以他为镜子，照出自身盲。正人先正己，身歪影子偏。
父母是条龙，娃能跃大渊。父母是跳蚤，娃是跳蚤王。
种子赖基因，心变命才变。故当先造心，文化要积淀。
父母第三要，警觉成习惯。孩子自觉差，父母要会管。
天天有日课，周周有复盘。月月有回顾，年年做考量。
读书生活化，学习是三餐。快乐有兴趣，形式要多样。

> 有了好程序，才有好习惯。警觉是鞭子，时时空中响。
> 实现大梦想，日常是重点。生活流程化，诸事要妥当。
> 父母当自强，全家共成长。当个好表率，奔跑向远方。
>
> 父母第四要，做个好伙伴。生命贵独立，尊重并影响。
> 呵斥与打骂，孩子心会远。舍弃掌控欲，交流又分享。
> 奋斗成同志，相亲更相伴。竞争又鼓励，喝彩成习惯。
> 无我大福报，利他铸梦想。坚守或放下，智慧见识广。
> 大手拉小手，同行共成长。

《雪漠家道歌》和《雪漠家教歌》中，都提到了"正、清、诚、明、和"，因为它们非常重要，概括了现代家庭文化应有的五种精神内涵。在《雪漠家教歌》中，我还简单分享了相关的身心训练。虽然只有短短的几行字，但只要每天照做，在细节选择里监督自己，带动孩子，家里就会越来越好。孩子不开"心"的家庭，不妨试试看。

也可以带着孩子一起读好书，甚至跟孩子同读一本书，跟孩子讨论书中的智慧，跟孩子讨论日常生活中的故事，让孩子知道，该如何把智慧用在生活里，也就是我们常说的落地。大家要明白，对孩子来说，道理和生活有时是错位的，他们对不上号。所以，家长要在孩子小时候，就多跟孩子谈生活里的故事，教会孩子在生活中妙用智慧。比如，很多家长都会和孩子一起读《雪漠说老子：让孩子爱上〈道德经〉》《一个人的西部·致青春》，甚至跟孩子一起读《娑萨朗》，这样都很好，不但能让孩子从小就有很好的见识，也可以消除家长和孩子之间的代沟，让家人之间的沟通更顺畅，家庭更和睦。

每一个家庭都是社会的一个细胞，一个个健康的细胞，就会构成一个健康的整体。企业也是这样，一个个健康的家庭，就会构成一个个健康的企业。所以，无论对企业家自己，还是对企业中的员工，健康良好的家道文化都很重要。以家道文化为载体，传承和传播中华优秀传统文化，是一种与时俱进的实践，它能够改变家庭氛围，也改变了很多家庭的氛围，让许多家庭的关系变得健康、和谐，同时给很多孩子种下了智慧的种子。尤其是那些家长严格按照家道文化的倡导生活的家庭，孩子从小耳濡目染，不但学习正面积极的思维，树立大格局大视野的认知，而且从小跟随父母一起做志愿者，参加书展等公益活动，自发宣传好书承载的文化，并且开展少儿读书会，带动小朋友们一起读书，一起养成很好的生活习惯，反过来影响父母，这些都很好。还有一些孩子，会自发地参加图书义卖等活动，把平时的闲暇时间都用来做奉献，以奉献的快乐代替消遣享受，这样长大的孩子，心态肯定会积极向上很多。日后，他们中的一些人必然会发芽结果，成长为文化的参天大树。

我们的家道文化建设，也包括写作训练。因为写作是一种非常重要的传播方式。我们希望大家能更好地表达自己，也能更好地传播文化。而参加了雪漠创意写作班的学员，文字也确实会充满力量，很能感染人心。这一点让很多人都感到非常吃惊。最令他们吃惊的是，就连一些低年级的小学生，参加雪漠创意写作班之后，都能写出有思想、有智慧的好文章。而且，从大人到孩子，文字都非常干净，没有"心机"也没有"造作"，就像在用文字跟你聊天。为什么？因为他们的心很干净，干净的心，必然会流出干净的文字。所以，雪漠创意写作班的秘密，就是帮助学员们清扫内心的灰尘，唤醒心灵本具的智慧，让他们写出生命本具的好文章。

在企业文化方面，一个人、一个企业发展到一定阶段，就会超越其个体本身，成为一个精神符号、一个文化载体。当他们的行为被很多人认可时，社会就会倡导这种行为；当这种倡导达到一定程度，甚至影响社会风气时，就会形成一种主流发展方向和先进文化，而他们，也会成为这种方向和文化的代表。人们对这种行为、这个人、这个企业的支持，实质上就是对他们承载的精神、文化的肯定和支持。换句话说，一个人的成功，一个企业的成功，也是他们代表的那种精神、那种文化的成功。

德鲁克在其经典著作《德鲁克管理思想精要》里说道："商业企业及公共服务机构都是社会的重要器官。他们不仅仅是为了自身的目的而存在，更是为了实现某种特殊的社会目的……他们本身并不是目的，而是手段。任何一个组织机构都是为了某种特殊目的、使命和某种特殊的社会职能而存在的。无论是从心理、地理、文化角度，还是从社会等角度来看，组织机构都必须是社会的一个组成部分、一个重要器官。"

在这里，德鲁克说到了企业发展的本质：任何企业得以生存和发展，都是因为它满足了社会某一方面的需要，实现了某种特殊的社会目的。这也是企业文化得以建立的基础。就是说，企业在建立企业文化的时候，要明白企业的存在意义是什么，然后从这个意义出发，从传统文化中汲取营养，完整企业独有的生活方式、共同愿景及价值理念等。这样的企业文化，才对企业的延续和发展有益，甚至能帮助企业度过每一次危机，在危机中奋发图强，找到破局发展的秘密。

另外，在构建团队文化的过程中，我专门写了一首《雪漠企业精神歌》，作为团队成员每日必诵内容。

雪漠企业精神歌

鹰眼疾，驼力长，团队作战学群狼。

苍茫朔风高，猎鹰抖翎毛。孤飞一片雪，百里见秋毫。

燕雀莫相笑，云霄万里遥。鹰击天风壮，鹏飞海浪高。
劲鹰当搏击，恶鸟远遁逃。风雨难折翅，天高任逍遥。
生而得自由，羁绊随风了。不效蓬间雀，高处建穴巢。
打碎旧爪喙，不做寒号鸟。绝处能逢生，破执得顿超。
俯怜红尘戏，情怀泰岳小。万仞迎空开，展翅成大鸟。
驼行沙海间，不屈亦不挠。恒常生大力，一线射广袤。
忍辱更负重，无怨无悔恼，至真无假意，坚韧忠诚好。
沉默阅寒暑，无语对黄涛。内敛多含蓄，沉稳不轻佻。
信念成脚印，希望如日耀。绿洲在前方，使命是奔跑。
狼性多坚韧，团队呈精神。协调有战术，配合出效能。
分工当明确，合作成本能。有机成一体，牵发动全身。
积极多主动，亦不怕牺牲。信念如矢志，舍弃无用功。
一生不言败，果决更自信。顽强亦冷静，勇敢却深沉。
沉稳似磐石，迅捷如飓风。灵活有忠诚，纪律更严明。

当然，歌词的特点是内容凝练，只谈要点，如果企业家朋友需要更加具体的分享，知道具体该怎么做，可以看书。在多种著作中，我都有涉猎企业文化的内容，如《老子的心事：雪煮〈道德经〉》和《雪漠智慧课程》。它们被很多企业用作员工培训教材，为企业文化建设提供了一种不曾有过的视角和思路，也为企业注入了强大而鲜活的生命力。有需要的企业家朋友可以看一看，也许能得到一些启迪。因为我依托的是中华优秀传统文化的精髓，同时也结合了自身的实践经验，是一种与时俱进的分享和探索。

（三）三品伴日常，造福身与心

我去西方考察的时候，发现中国的保健品在西方很受欢迎，因为中医文化大家都很认可。比如,我考察过一个中国驻外商贸机构,它在俄罗斯有几百万个经销商。他们卖的是什么产品?中药口服液。我没见过哪个中国文化机构在海外有那么大的影响力,但中药产品在海外很受欢迎。当时我们在一个体育场里,那里聚集了四五万人,那些外国人全都一手举着自己国家的国旗,一手拿着中国的保健品,兴高采烈地欢呼着。如果他们拿的不是保健品,而是《论语》或《道德经》,还会不会出现这样的场面?很难,至少我没见过。为什么?因为这个时代的西方人需要中国的保健品,却不一定需要中国传统文化经典。文化要从这类现象中汲取营养。

我们后来一直在探索图书之外的文化载体,就是这个原因。我觉得,未来的文化传播中,应该多一些现代人喜欢的载体,比如具有健康养生、美容美颜、日常妙用功能的产品。

因此,我提出了"三品理论":第一,文化要像化妆品和保健品一样让人离不开,让人从身体到心灵美起来,让人身心健康,然后让生活也美起来;第二,文化必须像日用品那样谁都能用,谁都离不开,能在日常生活中发挥作用;第三,文化要像藏品那样,有岁月赋予的沉淀和价值,可愉悦精神,可收藏保值乃至升值。这就是文化的"三品"。

注意,如果一种文化能真正地实现这三种作用和特点,这种文化就一定能火起来。

传统文化需要火起来,承载了人类智慧精髓的优秀传统文化,更需要火起来,让更多的人看见。否则,很多需要这种文化的人都在痛苦地寻觅,可他们却不知道,身边那种被视为稀松寻常的文化,其实是救心的药,可以给他们一线希望。

西方文化非常强势,因为它渗透在生活的方方面面,而且非常简单易懂。比如基督教的博爱理念,它肯定比大道的智慧容易理解。也就是说，中国传统儒释道的智慧，尤其是佛家和道家文化的智慧，跟现代生活的融合是不够的，还需要我们做新的诠释，做新的桥梁搭建工作，把它们和现代人的生活连接在一起。

《道德经》的智慧是以道体为本，用合道的德行来应世，日常的思维和待人处事，都是对道德的训练。掌握《道德经》智慧的核心，在日常生活中改变沾染了欲望成见的言行思维，就能把道家文化活出来，让自己成为大道精神的载体。

三

熟悉我作品的读者，会发现这本书在我的诸多作品中，是个特例。它的体量短小精悍，而内涵秉承了我的作品中一以贯之的智慧。并且，在语言风格上，这本小书也是与众不同的。

因为我的其他书都有文学上的追求，比如注重遣词造句。尤其是早年的《大漠祭》《猎原》《白虎关》《西夏咒》等，它们的语言都很成熟，很凝练，看得出一个作家的艺术追求。包括《娑萨朗》，虽然语言开始趋向简单，但我仍然注重一种史诗的品格。《娑萨朗》之后，尤其是创作《阴阳之舞——雪漠故事易经》之后，我就不再注重语言了。因为我放下了很多个人的追求，包括对艺术和文学的追求，完全为了读者而创作。

所以，我更在乎作品能不能被读者们接受，能不能让读者们读懂并用在生活之中。我甚至希望读者们能忘记语言，只感受到作品中的智慧，也能将自己完全地代入作品的场景，明白自己要是遇到同样的事，或类似的事，该如何选择，如何应对。这意味着，我会更多地考虑如何让智慧落地，而不会在语言上着力。

用一本小书，阐述道、德、法、术、势，显然是不够的，但也足以精炼地将纲领展示出来。本书是道、德、法、术、势在企业领域的一种妙用。实际上，它的智慧是我们每个人的生命领域中，都会涉及的维度，无论我们做什么，想要做得好，这五个维度都是不可或缺的。从超越的智慧本体层面，到进入具体的实践层面，这五个维度涵盖了智慧做人、成功做事的所有要素。我们的文化想要走向世界、影响世界，也需要在这五个维度上下功夫，不能缺失任何一个。

希望这本小书能帮助更多的企业家，帮助更多的家庭，帮助更多需要帮助的朋友，让他们提升认知的高度，拥有一种审美的积淀——不只是作品上的审美，更是精神、生活和选择上的审美——拥有一种路标式的清晰感。

最后，感谢企业管理出版社，感谢所有帮助过本书的朋友，愿本书的读者都能有所收获。